START
UP S
TUDIO

シルパ・カナン、ミッチェル・ピーターマン

露久保由美子 訳　　及部智仁（株式会社quantum）監訳

みんなの
スタートアップ
スタジオ

連続的に新規事業を生み出す「究極の仕掛け」

日経BP

tents

スタートアップスタジオの基本　　15

スタジオのアプローチ　　23

創 業 者 の 決 定 事 項　　41

Co

本書で紹介する分析の材料となるように、スタートアップスタジオ
ダウンロードできるようにした。このモデルを
各自のニーズに合わせて想定事項や事例に変更を加え
財務モデルのテンプレートは、〈venturestudi
または次のQRコードからダウンロード

日本語版序文

　本書のタイトルにもなっている「スタートアップスタジオ」という名称を聞いたことがない人でも、「モデルナ（Moderna）」の名を知らない人はほとんどいないと思う。モデルナは、米国マサチューセッツ州ケンブリッジに本社を置くバイオテクノロジーベンチャーだ。メッセンジャーRNAに基づく創薬、医薬品・ワクチン開発に取り組み、同社製の新型コロナウイルスのワクチンは日本でも広く接種された。

　このモデルナは、ヌーバー・アフェヤン氏が2000年に立ち上げたフラッグシップ・パイオニアリングというバイオテクノロジーに特化したベンチャーを連続的に生み出すスタートアップスタジオから誕生している。フラッグシップはバイオベンチャーを生み出すために、ボストン近郊の大学の研究者や外部の科学者たちと共創できるプラットフォームを自社内のラボに構築している。

　この共創プラットフォームを活用して、実現したら大きなブレイクスルーにつながる次世代のバイオテクノロジーを連続的に生み出すために数多くの実験をしている。これまでに96社以上のバイオ系のスタートアップを立ち上げ、過去10年で25社を上場させている。同時並行で、自ら立ち上げたスタートアップに投資を行うために9本のファンドを組成しており、その運用総額は65億ドルにのぼる。

■ スタートアップ界に巻き起こるスタートアップスタジオ旋風

　冒頭からいきなりフラッグシップ・パイオニアリングの紹介になってしまったが、そもそもスタートアップスタジオとは何なのだろうか。

　私が監修・解説を担当した『STARTUP STUDIO　連続してイノベーションを生む「ハリウッド型プロ集団」』（アッティラ・シゲティ著、日経BP、

2017年）によると、「（スタジオは）同時多発的に複数の企業を立ち上げる組織であり、起業家やイノベーターが新しいコンセプトを次々に打ち出すうえで理想的な場を提供する組織」と定義している。

このスタートアップスタジオが今、スタートアップ界に旋風を巻き起こしている。スタジオの代表格であるベータワークス、サイエンス、eFoundersなどを筆頭に、ヌーバー・アフェヤン氏も提唱する「パラレル・アントレプレナーシップ（連続的かつ同時多発的に新事業を創造し、再現性を追求していく）」という新しい起業モデルは世界各地で受け入れられた。GSSN（Global Startup Studio Network）の報告によると、世界各地で活動するスタジオは710社以上（2023年3月時点）で、その数は2013年から625パーセント増加した。そして、Hims、Snowflake、MongoDBといった数々のユニコーンを生み出している。一つのチームが一つのアイデアに取り組む従来の起業とは異なり、スタジオは才能ある起業家、ベンチャーアーキテクト、プロダクトマネジャー、デザイナー、エンジニア、グロースマーケッターやPRプランナー、投資家、バックオフィスなどを集め、スケールアップして成功するスタートアップを繰り返し生み出す。

もともとスタートアップスタジオは、起業の生態系が未成熟な欧州や米国西海岸以外の地方で設立されることが多かったが、最近ではサンフランシスコにも新しいスタートアップスタジオが増えている。著名なAtomicや新進気鋭のUP.Labsなどはシリコンバレーにも進出し、スタンフォード大学などの優秀な学生の起業家候補を招き入れ、新事業創出に向けて活動を活発化している。スタジオモデルは世界各地へ伝播しており、その呼び名はスタートアップスタジオのほか、「ベンチャースタジオ」「ベンチャービルダー」「ベンチャーラボ」「スタートアップファクトリー」「カンパニークリエーション」「ベンチャークリエーション型VC（ベンチャーキャピタル）」などさまざまだ。

最近では、VCやアクセラレーターとの境界線があいまいになり、特に投資家側にいたVC自体がスタートアップを自ら生み出していく起業

活動も活発化している。先のフラッグシップやサードロックベンチャーズが実践するベンチャー・クリエーション型VCと呼ばれるモデルは、ディープテック、ライフサイエンス、大学発スタートアップを支援するVCの中でさらに普及していくと考えられる。

　また、海外では、大手企業の新事業創造の専門部隊としてスタートアップスタジオの実装が進んでいる。P&Gが母体のP&G Ventures、保険会社であるAXAのKamet Ventures、サムスンのC-Lab、ボストンコンサルティングのBCGDVなど企業が運営母体となって経営するスタジオも増加しており、大手企業のイノベーションを推進する出島組織として期待されている。国内では三井物産のMoon Creative Lab、日本特殊陶業のVenture Lab、そして博報堂が母体で私が代表取締役を勤めるquantumなどがある。

■ 入手困難なベールに包まれたスタジオ経営のノウハウを提供

　日本国内に視点を変えると、スタートアップスタジオは認知度が低く、実践するプレイヤーも少ない中で手探りの状況が続いている。その理由は、海外のスタジオ・コミュニティー自体が村社会かつベールに包まれているため、スタジオ経営のノウハウを入手するのが難しいことが主な要因ではないかと私は考えていた。

　ミッチェル・ピーターマンとシルパ・カナンが執筆した本書は、まさにスタジオ経営のリアルなノウハウを入手するのが難しいという課題を解決する貴重なリソースを読者に提供してくれる。

　本書は、著者2人がスタンフォード大学大学院の在籍期間中に立ち上げたアカデミック・プロジェクトをベースにしている。原書タイトルは「Venture Studios Demystified」。"Demystified"とは「神秘のベールを剥ぐ」という意味で、徹底的なリサーチとインタビューでスタジオ経営の深層部まで切り込んでいる。

　シリコンバレーを中心とする起業生態系の中でスタートアップスタジ

オは今や注目の的だが、そもそもどんな仕組みなのか、従来のVCとどう違うのか、どうすれば設立できるのか、経済的に持続可能なのか、などについて理解している人は多くないという問題意識から2人のプロジェクトはスタートしている。

　2人はアカデミアという特権的な立ち位置で「謎めいたスタートアップスタジオのベール」を剥ぐために、Expa、High Alpha、Pioneer Square Labsといった有名なスタジオリーダー20人に詳細なインタビューを敢行した。それらを題材に、スタジオの歴史や仕組みを丁寧に解き明かし、その戦略について明瞭に分析したほか、スタジオの財務パフォーマンスに影響を与える構造的、運営的、財務的要因をあぶり出した。そして最後に、スタジオ業界の実績と将来の展望を評価し、VCなどの他のアセットクラスと比較して、このモデルがどのような位置づけにあるのかを考察した。スタートアップスタジオの全貌を明らかにする非常に価値のある本としてまとめられている。

■ **想定する日本の読者層について**

　日本においてスタートアップスタジオとその役割を理解することは、スタートアップのエコシステムで活動するすべての人にとって不可欠だ。本書は、この分野のパイオニアへの徹底的なリサーチとインタビューに基づき、次の四つの読者層に貴重で珍しいリソースを提供してくれる。

①スタートアップスタジオを活用して起業を考える起業家候補や客員起業家（EIR)

　本書ではスタジオの経営実態が赤裸々に語られており、スタジオの経営陣がいかに厳しい経営を遂行しているか、スタッフが何を求めているか、スタジオの構造がどうなっているのかを深く理解できる。起業家やEIRが本書を読めば、いつ、どのようにスタジオを活用すべきかを理解

しやすくなるだろう。

②スタートアップスタジオの組成を計画している人、大企業の新規事業のリーダーとして出島組織や社内起業の事務局を立ち上げようとしている人

　本書を読むことで、連続的にスタートアップを生み出すための組織のメカニズムが深く理解できる。同時に、本書は事業計画の視点から、構造的、運営的、財務的要因について意思決定しなければならない検討フレームを提示している。特に、スピンアウトやカーブアウトを生み出す出島組織の運営者や大手企業を母体にしたスタートアップスタジオの実装を計画している人にとって、非常に価値のあるファイナンスモデル（マクロで組まれたエクセルデータで入手可能）を提供している。

③VCや機関投資家

　本書は、急速に変化するこの業界に関する疑問を解決し、猜疑心を弱める出発点になる。投資家にとって、スタジオとその役割を理解することで、共同出資や連携先のパートナーとしてスタジオを認識できるようになるはずだ。特に今後、ベンチャー・クリエーション型VCと呼ばれるモデルの採用を考える人にとっては、スタジオ組成のためのリアルな検討フレームとデータを入手できるだろう。

④大学や政府・自治体関係で大学発スタートアップを推進するリーダー

　本書に記載されているスタートアップスタジオのモデルを援用することで、研究者と起業家人材をマッチングさせ共同創業へと導くアカデミア・アントレプレナーのプログラムを構築することに役立つだろう。

　これらの読者層以外にも、最新の新規事業創造やイノベーションの方法を追求する多くのビジネスパーソンに手に取ってほしい。

起業・社内起業・アカデミア起業という選択肢が当たり前の社会になるために、本書が少しでも貢献できることを願っている。前置きはこれくらいにして、早速スタートアップスタジオの世界にディープダイブしよう！

及部 智仁
株式会社quantum 代表取締役社長 共同CEO
東京工業大学 イノベーションデザイン機構 特任教授

はじめに

　私たちはスタートアップスタジオに魅せられている。謎の多い起業術を規格化されたプロセスの中に落とし込むのは不可能だ、と思う人もいるかもしれない。間違っていると感じる人もいるだろう。起業は生やさしいものではない。スタートアップの9割は失敗する。一生に一度のアイデアで金を掘り当てたとしたら、その創業者は運がいい。そんな話をみなさんも聞いたことがあるはずだ。

　では、スタートアップを成功させるのがそれほど難しいのなら、一つのスタジオ、一つのチームがそれを何度も達成できるものだろうか。当然のことながら多くの人が懐疑的になる。スタートアップスタジオで働いている間に、私たちはその内幕をのぞき、スタジオが離れ業を成し遂げる様子を目にすることができた。だが、まだいくつか大きな疑問が残っている。

 スタジオを設計・運営する最良の方法とは何か

 スタジオはなぜ財務的に成り立つのか

 スタジオは業界全体でどの程度の成功を収めているのか

　スタートアップスタジオについて話を聞けば聞くほど、これと同じ疑問を多くの人が抱いていることがわかった。この業界はまだ新しく、業

界内の人でさえ、これらの問いのすべてに答えることはできない。そこで私たちは、この三つの疑問を解消すべく、スタンフォード大学ビジネススクールで調査プロジェクトを開始した。本書はその成果をまとめたものである。

　本書の目的は、周知の事柄を焼き直して語ることではなく、スタジオの現状に関するこれまでの情報を増強することにある。そのため、随所で参考文献に言及している。この分野に精通していない読者には、まずはGSSN（グローバル・スタートアップスタジオ・ネットワーク）が発行するホワイトペーパー「The Rise of Startup Studios［訳注＊以下を参照。https://www.gan.co/wp-content/uploads/2020/03/The-Rise-of-Startup-Studios-White-Paper.pdf］」や「Disrupting the Venture Landscape［訳注＊https://www.gan.co/wp-content/uploads/GSSN_StudioCapitalEfficiency_whitepaper.pdf］」などから読んでみることをお勧めしたい。

調査方法

　私たちは、新規スタジオの創業者が直面する課題を理解するために、創業したばかりの小さなスタートアップスタジオを含む19のスタジオのリーダーに聞き取りを行った。また、多くの投資先企業（ポートフォリオ）を抱え、高い資本力を有し、業界をリードするスタジオにも取材を敢行した。これらのサンプルにスタートアップスタジオ業界全体の様相が色濃く反映されているものと考えている。本書では、設立年や所在地の異なるさまざまなスタジオに話を聞いて、ベンチャー創出についての多様な視点と手法を読者のみなさんに提示することを目指した。対象としたスタジオの内訳は次の通りだ。

設立年数	%
5年未満	32%
5〜9年	58%
10年以上	11%

所在地	%
米国	63%
ヨーロッパ	16%
カナダ	11%
ラテンアメリカ	5%
中東	5%

　また、スタジオに関して、次のようなさまざまな分野のデータを集めた。

　本書の分析では、既存の企業内で運営されているスタートアップスタジオは含めず、親会社と直接または独占的な関係を持たない独立系スタジオに的を絞った。スタジオはテック企業に注力しているところがほとんどなので、意図的にテック系のスタートアップスタジオに対象を絞っている。そのため今回の調査結果は、たとえばヘルスケアなど、主にテック系以外のスタートアップを立ち上げるスタジオには当てはまらな

いかもしれない。

　また本書では、インタビューなどの定性的情報に加え、経営・財務の
サンプルとなるモデルを作成し、そうした変動要素や経営上の決定がス
タジオのキャッシュフローやリターンにどう影響するのかのアウトラ
インを説明している。スタートアップスタジオを「動かす」原動力や、ス
タジオと協働したりスタジオに投資したりする際に検討すべき取り組み
について、より明確にするためだ。さまざまな決定がスタジオの業績に
どう影響するか、このサンプルモデルを使って探ってみてほしい。

本書の構成

　読者の中には、スタートアップスタジオにあまりなじみのない人もい
るかもしれないので、まずは背景説明から始めたい。「Part 1」では、ス
タジオとは何か、アクセラレーターやインキュベーターといった既存の
ビジネスモデルとどう違うのかを説明する。「Part 2」では、スタジオ
設立までの最も一般的な道筋や、戦略の傾向、アイデア創出のプロセス
など、業界レベルの基礎知識について解説する。

　そしていよいよ、私たちの最初の疑問である「スタジオを設計・運営
する最良の方法とは何か」の追求に進む。「Part 3」では、スタジオの
創業者が必ず迫られる重要な意思決定について見ていく。経営・財務上
の鍵となる意思決定ポイントに焦点を当てるつもりだが、カバーしきれ
ない項目もあるかもしれない。私たちが作成した財務モデルの詳細をも
とに、こうした決定がもたらす影響について見ていく。

　続いて、「スタジオはなぜ財務的に成り立つのか」という第二の疑問
に移る。「Part 4」では、私たちの財務モデルを掘り下げ、スタジオが
パートナーや投資家にどのようにして利益を生み出すかを見ていく。そ
して締めくくりに、最後の問いである「スタジオは業界全体でどの程度
の成功を収めているのか」を取り上げる。これについては、私たちのモ

デルをもとにした現実的なスタートアップスタジオの事例と、平均的なベンチャーキャピタルのリターンとを比較しながら、その疑問に答える。最後の「Part 5」では、三つの問いへの答えをまとめる。そして、ここで学んだことを総括し、さまざまなステークホルダーへの影響について議論する。

　このように、本書ではかなりの量の情報を紹介することになる。そこで、読者の助けとなるように、重要ポイントをまとめた「セクションの概要」を各セクションの冒頭で示し、それから解説に移る構成にしてある。

　調査には万全を心がけたが、今後、課題として検討すべき項目もいくつかある。まず、スタートアップスタジオのリターンについてはデータが限られていて、成功したスタジオのデータしか反映されていない面がある。この業界自体がまだ新しく、失敗したスタジオに関する一貫したリターンデータがないからだ。そのため、アイデアを生み出す過程のどこが成功につながるのかといった疑問や、アセットクラスの実際のリターン・プロファイルについての疑問に、完全には答えることができない。さらに、私たちのサンプルは米国に偏っている。そのため、調査結果を世界中のケースに当てはめるには、当然のことながら限界がある。スタジオのリターンに関する確固としたデータに基づくさらなる調査が、残る疑問の解決につながるはずだ。

　本書を読んで、私たちとのコラボレーションを希望する人、追加で質問がある人は、〈mitchelpeterman@gmail.com〉または〈hello@shilpakannan.com〉にメッセージを送ってほしい。この本がスタートアップスタジオに関するみなさんの切実な疑問への答えになることを願っている。

スタートアップ
スタジオの基本

セクションの概要

☑ スタジオとは、スタートアップを創出する組織のこと。アイデアを練り、試し、プロダクトをつくるために必要な初期資金を提供する。また、創業チームの編成も行う。そうした貢献と引き換えに、スタジオは、立ち上げた会社の株式の共同創業者持ち分を与えられる。

☑ スタジオは急成長を続けている。スタートアップスタジオの数は2013年から625パーセント増加し、世界中で710のスタジオが事業を営んでいる。

☑ スタジオは万全のサポート体制を整えたビルダー集団だ。そのため、アクセラレーターやインキュベーターなど他のスタートアップ支援組織よりはるかに深く経営に関与する（ハンズオン型）。アクセラレーターやインキュベーターはさまざまな規模のプログラムを通じて期限付きで支援を行うことが多いが、スタジオは自らベンチャーを企画・開発する。

解 説

スタートアップスタジオは増えている。エンハンス・ベンチャーズ（Enhance Ventures）によれば、スタジオの数は2013年から625パーセント増加し、世界各地で710のスタジオが活動している。現在の規模は、ベンチャーキャピタルが米国だけで1,965社あるのと比べればまだ小さなものだが、スタジオのパートナーも投資家も、このモデルに移行するメリットを急速に実感しつつある（NVCA.org, 2021）。

スタジオモデルの魅力を探る前に、この業界になじみのない読者のみなさんのために、まずは背景を説明しておきたい。

最初期のスタートアップスタジオの一つであるアイデアラボ（Idealab）は、1996年に創業された。その後、アイデアラボ風の大規模スタジオの波が次に訪れたのは11年後、ベータワークス（Betaworks）とロケットインターネット（Rocket Internet）がスタートした2007年になる。ほどなくして、多くのスタジオがその後に続いた。業界はこの10年で大きな発展を遂げたが、ビジネスモデルとしてのスタジオについては、まだ理解が十分に進んでいない。

では、スタートアップスタジオは何が特別なのだろうか。スタートアップスタジオはスタートアップを立ち上げる斬新な手法だ。組織内でベンチャーのアイデアを練り、初期検証を行い、初期MVPを開発し、創業チームを採用し、場合によってはその後の資金も提供する。従来、スタートアップの創業といえば、個人起業家が一つのアイデアをもとに開発に集中するものだと思われるかもしれないが、スタートアップスタジオはそれを大規模に実行することを目指している。

スタートアップスタジオには、基本的な要素がいくつかある。まずスタジオは、立ち上げる会社の創業者として行動する。スタジオはアイ

組織内で
アイデアを練る

初期検証を
行う

初期MVPを
開発する

創業チームを
採用する

その後の資金を
提供する

ディエーション（アイデア出し）や検証、試作にかなりの時間を費やす。この初期の作業は、選りすぐった起業家と組んで行うこともあれば、スタジオが独自に行うこともある。

　次にスタジオは、会社を次々と創業するために、反復可能なベンチャー創出のプロセスを構築する。このプロセスは失敗の確率を減らすように設計される。たとえば、ユーザー調査によって提供しているプロダクトが市場のニーズに合っているか事前に評価したり、プロジェクトを進める過程で段階ごとに検証するステージゲートという手法を導入し、使えないアイデアを長く引っ張りすぎるのを防いだりする。また、スタジオは投資家や創業経験者が設立する傾向にあり、彼らの多くは新米の創業者が犯しがちなミスを見極め、それを乗り越えた経験を持っている。スタジオはそうした知識を活用し、立ち上げる会社の成功率を高めている。

　最後に、スタジオは払った努力の見返りとして会社の株式から持ち分

を受け取る。ベンチャーキャピタルの場合、投資家が会社にアクセスするのはその会社が誕生してある程度成長してからになるが、スタジオ向けの株式はほぼゼロに近い額面で発行される。このため、ベンチャー投資の初期段階で株式を大量に保有するスタジオは、財務的に大きな利益を得ることができる。

また、スタジオは金銭的な魅力があるだけでなく、起業のエコシステムにも積極的に貢献している。スタジオがベンチャーのアイデアに資金を出して当面の「勘定を受け持つ」おかげで、スタジオの会社に参加する起業家は自己資金のみでのやり繰りや預貯金の取り崩しの心配をしなくてすむ。つまり、スタジオは資金に制約のある人たちにも起業の機会を提供している。また、自分には経験が足りないと感じている起業志望者に対しても、支援と専門知識を提供する。手がけたスタートアップが成功を収めれば、そのリーダーたちがベンチャーキャピタリストや連続起業家、良きメンター（相談相手）となり、フライホイール効果［訳注＊小さな成功の積み重ねが弾みとなって、ビジネスの持続的な成長につながること］を生み出す可能性もある。スタジオは、会社の設立からベンチャー量産までの時間を短縮することによって、米国内外の確立されていないエコシステムが成長するための効果的な手段となる。

こうした基本的特徴を踏まえて、スタジオと、インキュベーターやアクセラレーターなどの他のスタートアップ支援モデルとの違いを探っていこう。

他のモデルとの比較

スタジオは、既存のモデルと比べて独特なビジネスモデルだが、まだ新興の業界なので、その違いはあまり理解されていない。次の図では、主な違いを示している。

アクセラレーターは、「Ｙコンビネーター（Y Combinator = YC）」や「テッ

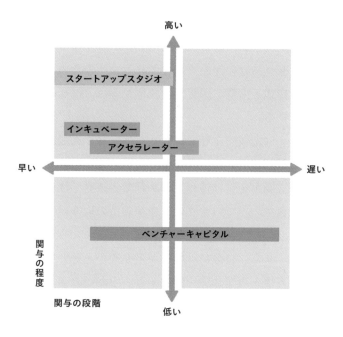

クスターズ（Techstars）」などのブランド名でよく知られるようになった。
アクセラレーターモデルは、同時期に複数のスタートアップをコホート
（同期組）として受け入れる、反復可能な短期プログラムを前提としてい
る。プログラムの期間中（通常は3～6カ月）、スタートアップの創業者は
事業拡大の助言とリソースの支援を受ける。そして、その支援と引き換
えに5～10パーセントの株式を提供する。多くの場合、プログラムに
は、終了時にスタートアップの追加資金の調達を助ける仕組みがある。
関与の段階でいえば、アクセラレーターが重点を置くのは、すでに基本
的なコンセプトや製品・サービスを持ち、「検証」から「顧客獲得」へ
の移行に時間の大半を費やす成長中のスタートアップとなる。

　これは、スタジオが「アイディエーション」から「顧客獲得」までの
すべてに力を注ぐのとは対照的だ。通常、アクセラレーターからの支援
は提供するプログラムへの積極的な参加に限定されるが、スタジオはス
タートアップの起業後に大きな支援を提供する。結果的にアクセラレー

ターは数の勝負になる。スタジオと比べて、より多くのスタートアップ（YCの2021年夏のコホートは377社）にそれぞれ少ない出資比率で支援する。私たちが取材したスタジオのリーダーの中には、支援対象を増やしたほうが事業リスクを減らせるので、アクセラレーターモデルへの移行を検討している人もいた。1社当たりの支援や手間が減れば、影響力や経験値をより多くの企業に活かせることにもなる。

　インキュベーターの形態はさまざまだが、大半はアクセラレーターと同じように活動している。そもそも、インキュベーターという言葉は、アクセラレーターと同じ意味で使われることも少なくない。スタジオとの大きな違いは、インキュベーターのほうが早いステージ（段階）の会社を対象としていることだ。制度化されたプログラムは持たずに、スタジオより柔軟に支援期間を設けていることもある。多くの場合、自前のネットワークを通じてメンタリング（助言）を行い、コワーキングスペースや運営サポートなどの基本的なリソースを提供する。通常、インキュベーターがアイデアを生み出すことはなく、すでにアイデアを持っている起業家を支援する。そのため、出資比率は5〜15パーセントと低くなることが多い。インキュベーターは、支援対象企業のステージがスタートアップスタジオに近いものの、収益構造や運営モデルはアクセラレーターに近い（Lesage, 2020; Prater, 2019）。

　スタジオモデルから最も遠いのが、ベンチャーキャピタル（VC）ファンドだ。VCの目的は、スタートアップに資金を提供することにある。自社のネットワークやコミュニティーを通じて支援するが、スタジオよりもアドホックに提供する。VCは製品・サービスや戦略についてアドバイスすることはあっても、スタジオとは違って、共同創業者のような役割や責任を負うことはない。あくまでも金融機関であり、アーリーステージ企業に投資するベンチャーキャピタリストの大半は、ベンチャー企業の役員は務めても、日々の企業運営には関与しない。

　さて、「スタジオとは何か」「どんな特徴があるか」という基本を理解

したところで、その複雑な業態について掘り下げていこう。スタジオモデルには、さまざまな企業構造、専門分野、アイデア創出や所有権へのアプローチがあるため、投資家と起業家の両方にとって、このモデルを理解するのは簡単ではないかもしれない。また、スタジオについては先入観も多く、成功させるには何が必要かといった情報も限られている。本書は、スタジオモデルをより明確にし、そうした誤解に光を当てることを目的としている。

Part

2

スタジオの
アプローチ

ここまで、スタートアップスタジオの基本と、他のス
タートアップ支援組織との違いについて見てきた。ここ
からは、さらに一段深く掘り下げていく。このセクショ
ンでは、スタジオ設立の背景やスタジオ戦略の最近の傾
向、アイディエーションのプロセスについて説明する。

スタジオの設立

セクションの概要

☑ スタジオを設立する際、どこに注力するかは、設立者の経歴とスキルセットで決まる。

☑ スタジオの設立者には、成功の確率を上げるために、各重点分野から人材を集めてチームを構築し、それまでの経験を最大限に活かして専門分野を多様化することを勧めたい。

☑ 取材したスタジオは三つのカテゴリーに分類され、それぞれに強みと弱みがあることがわかった。

カテゴリー	設立の経緯	強み	弱み
連続起業	成功した起業家がベンチャー立ち上げの反復と量産を目指して設立	・アイデア出し ・人材確保 ・スタートアップの運営	・アセット運用の経験不足により、資金調達が課題
投資バックグラウンド	スタジオを投資の「リスク低減」の手段と考える元VC投資家が設立	・市場知識 ・アセット運用の経験 ・資金調達	・初期アイデア出しのノウハウに劣り、アイデアファネルの構築が困難
プロダクトの開発・エンジニアリング	自分たちでプロダクトをつくるほうが採算性の向上が望めると気づいた開発会社が設立	・プロダクトの開発とテスト ・テクノロジーに精通	・市場検証の経験が乏しい ・人材確保と戦略に関する経験に劣る

解 説

スタートアップスタジオについてまず質問されることの一つは、ずばり「どこから来たのか」だ。スタートアップスタジオは誰が始めるのか。なぜ必要なものを持っているのか。独立系スタジオは大きく分けて三つの重点分野、すなわち「連続起業」「投資バックグラウンド」「プロダクトの開発・エンジニアリング」から生まれているようだ。私たちは、それぞれの分野で成功したスタジオを見てきた。そして、多くのスタジオがカテゴリーをまたいで重なる部分を持っていることがわかった。

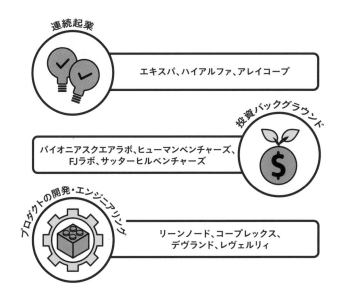

連続起業

エキスパ、ハイアルファ、アレイコープ

投資バックグラウンド

パイオニアスクエアラボ、ヒューマンベンチャーズ、
FJラボ、サッターヒルベンチャーズ

プロダクトの開発・エンジニアリング

リーンノード、コープレックス、
デヴランド、レヴェルリィ

1　連続起業

　スタートアップスタジオの設立の経緯で最もよく見られるのは、連続起業の経験を重視したケースだ。このタイプのスタジオは、一般的に、成功した起業家がその成功とベンチャー立ち上げの手法を反復し、量産を目指して設立する。ギャレット・キャンプの「エキスパ（Expa）」、スコット・ドーシーの「ハイアルファ（High Alpha）」、ケヴィン・ライアンの「アレイコープ（AlleyCorp）」は、このカテゴリーに入る。会社設立と運営の経験を豊富に持つスタジオ設立者は実績のある人物と見なされ、創業資金を調達しやすい。

　一方で、このようなケースでは、アセット運用の経験が足りずに、関連のVCファンドでの資金調達に苦労する可能性がある。このタイプのスタジオは、社内でのアイデア創出に力を入れ、少数のベンチャーに深く関与することを優先させる傾向が強いようだ。創業経験者が存在感を発揮するスタジオは、アイディエーションのプロセスや人材確保、経営指導に関して比較優位を持つと考えられる。

2　投資バックグラウンド

　従来型のベンチャー投資との密接な関係をベースに設立されるスタジオもある。このタイプのスタジオは、従来のベンチャーキャピタルの子会社として始まることもあれば、投資家出身者、あるいは投資家中心の考え方をベンチャーの立ち上げに応用する設立者が始めることもある。パイオニアスクエアラボ（Pioneer Square Labs）、ヒューマンベンチャーズ（Human Ventures）、FJラボ（FJ Labs）、サッターヒルベンチャーズ（Sutter Hill Ventures）には、そうした顔がある。従来型のベンチャー出身のリーダーにとっては、スタジオモデルは投資の「リスクを低減」する魅力的な手

段だ。キャリアを通じてさまざまな企業を見て投資してきたVCのリーダーは、投資先の成功や失敗の理由を察することができる。そのため、スタジオを設立したVCのリーダーは、その知識を活かして、より成功確率の高い会社をつくることができる。

このタイプのスタジオはたいてい、共創（コ・クリエーション）には深く関与するが、小さな投資をたくさんする従来のVCの手法に近いかもしれない。また、外部から持ち込まれたアイデアに投資したり、アクセラレーター型のプログラムを取り入れたりする傾向も強いようだ。多くの場合、外部のベンチャー投資や自社開発したベンチャーの次のラウンドに追加投資するために、大きな投資部門か多額の資本を持っている。このカテゴリーのスタジオは、市場知識、パターン認識、アセット運用の経験、資金調達に比較優位を持つと考えられる。

3 プロダクトの開発・エンジニアリング

さらに、プロダクトの開発・エンジニアリングに特化したエージェントとして始まったスタジオもある。このタイプは、技術的な仕事の性質上、アーリーステージのスタートアップ向けにMVPやプロトタイプを素早く効率的に構築するのを支援するコアコンピタンス［訳注＊他社より優れた核となる能力］を確立した。従来、こうした会社はそのサービスと引き換えに、標準的な現金ベースの収入を得てきた。しかしやがて、プロトタイプ開発やアイデアのテストに専門的な能力を活かせることに気づいた。これは、外部クライアントが所有するコンセプトではなく、自分たちに直接権利のあるコンセプトを推進するのに役立つ。リーンノード（LeanNode）、コープレックス（Coplex）、デヴランド（Devland）、レヴェルリィ（Revelry）などのスタジオは、これに分類される。このタイプのスタジオは開発とテストに比較優位を持つ傾向があり、社内の技術人材の層が厚いか、社内で創出したアイデアの実現に活用できる広範なエンジニ

27

アネットワークを持っていることが多い。ただし、検証やベンチャーの
スケーリングといった、プロダクト開発後の経験が乏しい可能性があ
る。デヴランドのマイルズ・ドットソン氏は、プロダクトの開発・エン
ジニアリングについて質問され、それが彼らのスタジオの差別化になる
理由を次のように語っている。

> 「イノベーションは非常に難しい仕事ですから、壁を突破できる能
> 力とプロセス指向の行動を示す個人やチームをしっかり確保したい
> と考えています。正直なところ、専門知識や技術のレベルでは、博
> 士号と同等のものを確立することが大事だと思います。（中略）そう
> いう人材は、最初の発想に関して特定の視点にとらわれず、素早い
> 検証と実体験を通して商品化や市場参入に取り組むことができま
> す」
>
> ──マイルズ・ドットソン（デヴランドのマネージングパートナー）

　新規の事業開発やスタジオ運営には、スタートアップ創出をうまく支
援できる幅広いサービスや知識が必要だ。上記の分野は、各スタジオが
持つべき重要な強みを示している。私たちは、スタジオ経営者や新規の
スタジオ設立者がそれまでの経験を最大限に活かし、専門分野を多様化
させるため、各重点分野の専門家を集めてチームを構築することをお勧
めする。

戦 略
セクションの概要

☑ ベンチャーキャピタルには、より多くのキャリー（成功報酬）を生み出すために、運用資金を増やそうとする動機がある。ベンチャーキャピタルでは、ファンドの規模やディール（投資案件）の規模が拡大していて、この10年で資金調達ラウンドも規模が大きくなっている。

☑ スタートアップスタジオモデルは、多額の小切手を切ることではなく、初期の所有権を安価に得ることによってリターンを生むのを前提としている。ただし、スタジオの所有権はその後の投資ラウンドで大きく希薄化される。

☑ それによって、スタジオとVCモデルの融合が起きている。多くのスタジオは、所有権の割合を維持するために、後のラウンドで投資するための資金を調達している。

解説

　スタートアップスタジオモデルと、それが既存のスタートアップのエコシステムにどうフィットするかを理解しようとするとき、ベンチャーキャピタル（VC）を身近な比較対象としてとらえると参考になる。スタジオとVCは機能が似ていて、どちらも会社の所有権と引き換えに起業を支援する。だが、その手法はかなり異なる。

　アーリーステージのVCは、「1階」が活動の場で、多くの場合、シードかシリーズAの投資に参加する。リターンで見ると、低い初期評価額を強みにしているが、シード期に各企業に投資する絶対額は比較的小さなものだった。

　ところが最近、VC業界は独特な成長を遂げている。そして、各社の運用純資産額は全般的に急増している。

米国のVC運用資産額

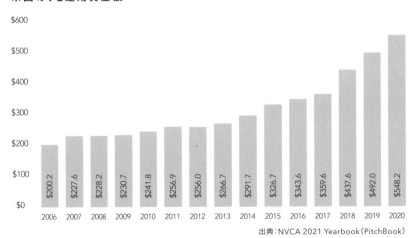

出典：NVCA 2021 Yearbook（PitchBook）

米国のVCディールフロー

凡例:
投下資本額(10億ドル) ー 投資案件数 企業数

出典:NVCA 2021 Yearbook(PitchBook)

　近年、投資額の伸びは案件数の伸びをはるかに上回っている。投資額の割合が増えるにつれて、より少ない企業がより多くを稼ぐようになっている。これは、巨大案件（投資額1億ドル超。現在のVC投資の44パーセントを占める）の数と、アーリーステージの投資ラウンドの規模が、ともに増加していることを意味している。

　さらに、より多くの資金が少数の限られたファンドによって調達されている。全米ベンチャーキャピタル協会（NVCA）によると、2020年は、調達を完了したファンド数が前年比で36パーセント減少しているのに対し、資金調達額は前年比30パーセント増だった（NVCA Yearbook, 2021）。

　では、これらはいったい何を意味しているのだろうか。VCが従来より大きな額を調達するようになると、多額の資金をどう展開していくかが課題になる。そこでVCが取り組むのが、これから述べる二つの方法だ。第一に、多くのVCはレイターステージの企業への投資を始めている。

レイターステージの企業は、アーリーステージの企業よりも多くの資金を必要とするため、VCファンドにとってはより資金を投下しやすい機会になる。第二に、VCはアーリーステージのラウンドでさえ、従来よりも大きな額の資金を投入するようになっている。シードラウンドの規模の中央値は、この10年で300パーセント増の200万ドルへと増加した（PitchBook, 2021）。ファンドのゼネラルパートナー（無限責任組合員、GP）［訳注＊ファンドの管理運営者。運営に責任を負うメンバー］には、資金を増やすインセンティブがある。多くの金が動けばリターンが増加し、それがより多くのキャリーをもたらすからだ。

　一方、スタートアップスタジオは、ベンチャー企業のライフサイクルの早い段階で、所有権の多くを取得し、利益を生み出すという考えに基づいている。自らベンチャー企業を立ち上げるか共創開発し、投資先企業の「1階」に入って下流へと進む。その時点では、企業の株式評価額は最小値であり、スタジオは株式を安価に取得できる。また、スタジオの成功に莫大なリターンは必要ない。5,000万ドルや1億ドルでイグジットしても、50倍、100倍のリターンを得ることができる。さらにスタジオは、投資先企業の最初のビジョンやプロダクト、経営陣の人選をコントロールすることで、ベンチャーのリスクを大幅に引き下げ、外部からの資金を得て目標リターンを達成する確率を高められる。GSSNによると、スタジオから生まれたスタートアップの60パーセントがシリーズAに到達している。これは、非スタジオ系と比べると44パーセントも高い（Disrupting the Venture Landscape, 2020）。この初期のアプローチ、すなわちVC市場の下流で見落とされていたセグメントをターゲットにし、より低コストの出資機会に的を絞って、のちに上流に移っても独自の価値を維持することによって、スタジオは従来のVCに対して破壊的な役割を果たすことができた（Christensen, 2015）。

　ところが最近、このスタジオのモデルは財務的な限界にぶつかっている。イグジットが実現するまでには長い期間を要するため、企業設立に

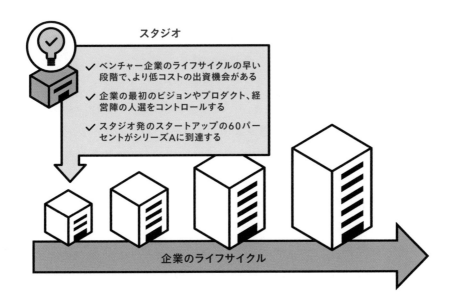

スタジオ

- ✓ ベンチャー企業のライフサイクルの早い段階で、より低コストの出資機会がある
- ✓ 企業の最初のビジョンやプロダクト、経営陣の人選をコントロールする
- ✓ スタジオ発のスタートアップの60パーセントがシリーズAに到達する

企業のライフサイクル

かかる費用はすべて先行投資になる。スタジオは企業の運営資金を出すために、リターンを得るまでの数年間を待ってくれる忍耐強い資金源を見つけなければならない。設立当初のスタジオの出資比率は30〜45パーセントほどでスタートするが、その後VCや新しい社員が出資するため、その出資比率は徐々に希薄化していく。イグジットの時点での出資比率が5パーセント程度になることもある。VCファンドと比べるとスタジオが動かしている資金はごく少額であり、リターンも同じように限定的なものになる。

このような限界に対応するため最近では、スタジオが自ら投資ファンドとして資金を調達するようになり、ビジネスモデルの融合が起きている。これは、いくつか重要な点でメリットがある。第一に、スタジオが管理報酬（マネジメント・フィー）をとれば、その報酬でスタジオ運営費のかなりの部分を賄える場合がある。たとえば、私たちが取材した11のスタジオのうち6社が、ファンドの管理報酬で費用を相殺していた。こ

れによって、スタジオのランウェイ［訳注＊資金が尽きるまでに残された期間］が延び、投資先企業群からの短期的な流動性イベント［訳注＊投資ポジションを清算し、現金化するプロセス］の必要性が減ることになる。第二に、スタジオは、シード後の資金調達ラウンドに参加することにより、持ち分を大きく希薄化させるのではなく、プロラタ投資［訳注＊出資比率を維持するための追加出資］を活用して比率を維持できる。私たちのインタビューの中でも、複数のスタジオのリーダーが、20パーセントの出資比率を維持するために長期的にプロラタ投資を続けていると語っていた。これは、スタジオがより高いバリュエーション（企業価値評価）で出資をすることになる一方、イグジットの際に得られるリターンも大きくなることを意味する。全米ベンチャーキャピタル協会（NVCA）によると、2019年のVC系スタートアップの出口価値（売却時価）の中央値は、IPO（株式公開）で3億6,900万ドル、M&A（合併と買収）で1億ドルだった。VCが出口時点で5パーセントの出資比率を維持していたとすると、ファンドへの平均リターンはそれぞれ1,800万ドルと500万ドルになる（NVCA Yearbook, 2021）。私たちのモデルでは、各イグジットでスタジオには2,200万ドルの利益が入る。スタジオモデルとファンドの組み合わせが投資家にいかに利益をもたらすかがわかるだろう。

　資金を調達することで、スタジオはそのレベルのリターンを得られるようになる。そして、スタジオのリーダーにとってその報酬は格別なものになる。ファンドのキャリーという経済的効果を得られるだけでなく、スタジオから創業時の普通株式も受け取ることができるからだ。私たちの取材から、19のスタジオのうち11社がすでにVCファンドを持ち、さらに4社が近い将来にファンドの設立を計画していることがわかった。

　興味深いことに、一部のスタジオは、自社のファンドがスタジオ外部の企業に投資するのを認め、VCの業態にさらに近づいている。取材したスタジオのうち、現在は半数ほどがファンドを使って外部に投資を行

い、さらに1社もその予定だという。こうした資金展開は、余剰資金の
あるスタジオが、高い利益を生み出すための一つの方法といえる。

　より多くの資金がアセットクラスに流れ込み、個別に投資資金を調達
するスタジオが増えているため、VCとスタジオのこうした融合は今後も
続くと予想される。

プロセス
セクションの概要

☑ スタジオのプロセスは、「迅速なプロトタイピングとイテレーション [訳注＊「設計」「開発」「テスト」「改善」などから構成される開発サイクルの単位]」というデザイン思考の原則を活用している。これは、成功するアイデアに資金を確保するために、うまくいかないアイデアを早めにつぶすことを目的としている。

☑ スタジオ発のスタートアップは、シードからシリーズAへの移行率が非スタジオ発より30パーセント高い（72パーセント対42パーセント）（Disrupting the Venture Landscape, 2020）。

☑ スタジオごとのプロセスの違いは、ステージゲートとアイデア評価基準という形で表れる。

☑ プロセスKPI（重要業績評価指標）

ファネル

1社立ち上げるのに必要なトップレベルのアイデア30〜107案。

立ち上げまでの時間

シードまで約6〜18カ月、シリーズAまでさらに12カ月。

立ち上げる企業数

大半のスタジオ（19社中11社）が年間4社未満のスタートアップを輩出。

解 説

　スタジオは、デザイン思考に基づくアイディエーションと開発のプロセスをたどる傾向がある。デザイン思考プロセスの基本はいたってシンプル。「素早くプロトタイプをつくり、検証し、早く失敗すること」だ。スタジオは、一つのイグジットを得るまでに数年間、アイデアに資金を出して支援する必要があるので、資金が尽きるまでのランウェイを延ばすために、コストを最小限に抑えることが欠かせない。多くのアイデアは調査のごく初期段階でつぶされ、残ったアイデアは短い評価期間で厳しく吟味される。となれば、スタジオがデザイン思考プロセスを活用するのも当然のことといえる。アイデアをテストするための速やかなイテレーションは、スタジオが成功の見込めないアイデアに資金をつぎ込むことなく、俊敏に動くための鍵となるからだ。

　重要なステップとしては、(1) ブレインストーミングと初期アイデア開発、(2) 顧客実証（ユーザーリサーチ、ソーシャルメディア・マーケティングのクリック率テスト、(3) 初期プロトタイプの開発とテスト、の三つが見られた。

　もちろん、全体的なプロセスは各スタジオとも共通しているが、細かな実施方法には多少の違いが見られた。たとえば、アイデアを次の段階に進めたり追加資金を投じたりするのに設定するゲートは、スタジオによって異なる。このゲートには、顧客からの基本合意書（LOI）の確保

ブレインストーミングと初期アイデア開発　　顧客実証　　初期プロトタイプの開発とテスト

からデジタルマーケティング広告の目標クリック率の確認まで、あらゆるものが考えられる。また、アイデアを次の段階に進める厳しい評価基準があるか、投資委員会によるレビューを実施するか、単に直感で投資を増やすのかなども、スタジオによってまちまちだった。こうした違いは、アイデアファネル、立ち上げまでの時間、立ち上げる企業数からも確認することができる。

「ファネル」──1社を立ち上げるには、30〜107案ほどのトップレベルのアイデアが必要だった。ファネルが効率的なら、スタジオのチームメンバーが各アイデアに割く時間は少なくてすむことになり、アイデア当たりのコストが下がる。

「立ち上げまでの時間」──全体として、シードまでは6〜18カ月ほど、シリーズAまではさらに12カ月を要していた。GSSNによれば、シードまでの平均は11カ月、シリーズAまではさらに15カ月かかる（Disrupting the Venture Landscape, 2020）。立ち上げまでのランウェイが短ければ、のちの投資ラウンドまでの時間が短縮し、スタジオにとってはイグジットを早くすることにつながる。

「立ち上げる企業数」──私たちは、スタジオ15社から年間何社の立ち上げを目標にしているかのデータをもらった。それによると、大多数は年に最大で4社の立ち上げを目指しているが、中には年間6社、あるいは12社という例外的なスタジオもある。この差は、1) 競合スタジオよりも迅速に動けるプロセスの有無、2) 立ち上げに「十分に良い」とするアイデアの基準の違い（多くのアイデアを立ち上げるスタジオのほ

アイデアの年間立ち上げ数	スタジオの比率
最大4	73%
4〜6	13%
10〜12	13%

うがクオリティー要件が低い可能性がある）に起因すると考えられる。

　チームの構成とともにプロセスの違いも、スタジオ差別化の主要な源泉にはなるかもしれない。だが、アセットクラスとしてのスタジオはまだ歴史が浅く、プロセスや実行における差別化が、成功数や利益の増加に直接つながるかどうかを結論づけるのは難しい。

Part
2

スタジオのアプローチ

Part

3

創業者の
決定事項

このセクションでは、私たちの最初の疑問、「スタート
アップスタジオを設計・運営する最良の方法とは何か？」
に答えることを目指したい。そこで、スタジオ創業者が
下さなければならないいくつかの重要な決定事項につい
て、経営と財務の両面から取り上げていく。大量の情報
を読み進めるために、意思決定
のポイントと、それぞれの主な
選択肢を記した次の比較表を参
考にしてほしい。スタジオの分
析データはすべて著者らの調査
から抜粋している。

意思決定の ポイント	選択肢
アイデア創出 プロセス	すべてのスタジオが、デザイン思考に基づく一般的なアイデア創出プロセスに従っていた。このプロセスには、(1)ブレインストーミングと初期アイデア開発、(2)顧客実証、(3)初期プロトタイプの開発とテスト、の三つのステップが含まれる。アイデアの選定過程におけるスプリント[訳注＊時間を細かく区切り、その中で目標を立てて開発を進めていくこと。イテレーションと同義]やさまざまな意思決定におけるゲートの使い方は、スタジオによって異なる場合がある

経営上の意思決定

重点業種	**専門特化** 最も一般的な専門分野はＢ２ＢＳａａＳで、取材したスタジオの21%を占めた。業種を専門特化することにより、業界知識で競争上の優位に立つ可能性はあるが、アイデアファネルが絞られ、会社をたくさん立ち上げるのは難しくなるかもしれない	**汎用型** 業種にこだわらず幅広く目を向けることで、アイデアの供給路が広がり、有望な人材のプールが大きくなる可能性がある。スタジオチームに業種別の専門知識が不足する場合は、こだわらないことが優先されるかもしれない	
創業者 ソーシング	**制度化された プログラム** 創業者をオンボーディングするためにプログラムを形式化する	**正社員または 契約社員の雇用** ごく少数の創業者（2〜4人）を特別雇用する	**検証済み事業案に 起業家をアサイン** 検証済みのアイデアにCEOを任命する時期が来たら、外部の人材を採用する。スタジオは多くの場合、アイディエーションや初期構築のために自社でビジネスデザインチームを持っている
創業者の 現金報酬	**固定給制の正社員** 給与は市場に見合った水準で、15万ドルを超える場合もある。期限はないが、1年以内の会社の立ち上げが期待される	**期間契約者** 6〜12カ月間の報酬が月々または一括で支給される	
サード パーティー	**特定パートナーへ アウトソーシング** スタジオは、エンジニアリング業務を外注し、アイディエーションや採用、管理業務は社内のチームでするのが一般的	**完全な内製チーム** 一部のスタジオは社内チームをフルに持ち、自社開発を行っている	

財務上の決定事項

収益確保	**ビリングバック (サービス対価請求)** 立ち上げたスタートアップに対して、スタジオが提供したサービスの料金を請求する。通常はコストの一部を回収するのみ	**共創開発** パートナー企業と組んで会社を立ち上げる。30〜50%ほどのマージンを請求し、創業者株を受け取る	**企業コンサルティング** デザイン思考や技術的な知識を活かして、スタートアップに有償でサービスを提供する
構造	**デュアル・エンティティー (二つの事業体)** ファンドとスタジオ事業会社が別法人。通常、事業会社は創業者株を、ファンドは優先株を受け取る	**シングル・ファンド・エンティティー (一つの資金事業体)** ファンドとスタジオが分離できない一つの法人。オープンエンド型ファンド構造ではこれが最も一般的	
ファンドの タイプ	**オープンエンド型(エバーグリーン)** 厳格な清算を想定していないファンド。イグジットに成功すると、将来の投資のためにファンドに再投資される。投資家の清算の期待に応えるため、優先株を配当する(5〜20%)スタジオもある	**クローズドエンド型** 一定期間で一定数のスタートアップを設立することを目的としたファンド。従来のVCファンドのような仕組み。ファンドの規模は、1,000万〜2,000万ドル(初回)から、5,000万〜1億ドル(2回目)、1億〜2億ドル(3回目)とさまざま	
スタジオの 資金調達	ほとんどのスタジオは投資家からスタジオ自体の資金として1,000万〜2,000万ドルを調達。例外的に5,000万ドルを調達する大手スタジオもある		
出資比率	ほとんどのスタジオは25〜40%の株式を取得する(オプションプールの配分後)。著者らの推定では、このビジネスモデルが成り立つには、スタジオの取得分は最低限10%と考えられる。スタジオ内の株式配分は、創業者の経歴、事前に行ったスタジオの作業、希望報酬額など、スタートアップごとに異なる。こうした要素によって、出資比率は5〜50%と、かなりの開きがある		
イグジットの 成果	**本格的なイグジット(M&A、IPO)** 大多数のスタジオに大きく関係することで、タイムスケジュールにはかなりばらつきがある(4〜10年)	**株式売却(セカンダリーセール)** スタジオが保有する株式持ち分を企業や他の投資家に早期に売却すること。それほど一般的ではなく、イグジットは小さく、早まる結果になる。あるスタジオは10年間で5件のイグジットを達成した	

経営上の
決定事項

重点業種

セクションの概要

- ☑ スタジオの半数は業種に広くフォーカスする。

  - ☑ スタジオが1社を立ち上げるには30〜100ほどのアイデアが必要なので、チームが専門性を高めると投資機会が不足するおそれがある。
  - ☑ 重点業種は創業者に左右される。専門的な業種経験のない創業者は、業種に広くフォーカスする傾向にある。

- ☑ 競争の激化に伴い、業種に広くフォーカスするスタジオが増えると予想される。

- ☑ 専門化するスタジオの中では、ビジネスモデルがスケーラブルで必要な先行投資が少ないことから、B2B SaaSにフォーカスするところが最も多かった（19社中4社）。

解 説

　スタジオの資金調達モデルでは先行投資が多額となり、コストを最小限に抑えるメリットを考えると、スタジオは業種とビジネスモデルを専門特化する傾向が強いのではないかと私たちは予想していた。特定の業種やビジネスモデルに絞れば、スタジオは専門知識を深め、起業家を確保するネットワークを構築し、差別化の源泉を理解して、ゆくゆくは会社設立のプロセスをより早く、首尾よく反復できるようになるはずだ。ところが、取材をしてみると、特定の業種に専門特化していると公言するスタジオは5割程度にとどまった。

　この驚くべき結果を説明する私たちの仮説としては、一つには、各重点分野に有望なアイデアが限られていることが原因と考えられる。会社を1社立ち上げるのに、スタートアップスタジオのアイデアファネルには30から100ほどのアイデアが必要になるので、注力する業種があまりに少なければ、スタジオの投資機会はあっという間に尽きてしまう。スタジオの場合、スタッフ数と自らの創造性による限界がある。従来のベンチャーキャピタルは、世界中の起業家や先見の明を持った「ビジョナリー」から有望な投資機会を見つけ出すことができるが、社内でのアイデア創出が中心のスタジオは、通常、自社の従業員の頭脳からしかアイデアをひねり出すことができない。アイディエーションにはこうした特有の制約があり、しかもアイデアの大量供給が求められることから、競争の激化に伴い、「脱・専門化」して業種に広くフォーカスするスタジオが増えていくかもしれない。さらに、スタジオの重点業種は設立者の影響を受けることが多い。設立者のネットワークやノウハウは、スタジオが差別化されたアイデアを生み出し、支援を提供し、資金調達を助ける能力の基礎になる。業界に関する専門知識が設立者にない場合に

は、汎用的なスタジオとなる可能性が高い。

　専門性のあるスタジオの中で最も多い重点業種は、やはりB2B SaaS
だった。取材したスタジオ19社のうち4社（ハイアルファ、イーファウンダー
ズ〈eFounders〉、フューチャーサイト〈FutureSight〉、ルールワンベンチャーズ〈Rule 1
Ventures〉）がこれに当てはまる。B2B SaaSは持続可能なビジネスモデル
で知られ、通常、サブスクリプションと契約が組み合わされ、長期にわ
たって安定した定期収入を生み出す。プロダクト・マーケット・フィッ
ト［訳注＊製品やサービスが特定の市場において適合している状態］を達成すれば、
ビジネスをスケールさせるのは、ほとんど脚本通りに進めるようなもの
だ。マネタイズが難しいD2Cビジネス［訳注＊メーカーが中間流通業者を介さ
ずにプロダクトを消費者に直接販売するビジネス］や、製品開発に多くの資金と
時間を必要とするハードウェアビジネスと比べると、B2B SaaSビジネス
は、スタートアップスタジオのプロセスに求められる反復性に適してい
るといえる。イーファウンダーズの創業者でマネージングディレクター
のコンタン・ニックマン氏は、同社がB2B SaaSに注力する理由をこう
説明している。

> 「2011年に初めてSaaSモデルに出会ったとき、うちにぴったり
> だと思いました。中小企業（SMB）向けのソフトウェア販売は、製
> 品開発だけでなく、開発した製品をどうやって顧客に届けるかの戦
> 略にかかっていましたから。ですから、私たちはすぐにこのタイプ
> のベンチャーに魅力を感じました。SMB B2B SaaSの分野には多く
> のビジネスチャンスがあり、何が有効で、それをどう実行すればい
> いのか、ずいぶんと詳しくなりました」
>
> ──コンタン・ニックマン
> （イーファウンダーズ創業者、マネージングディレクター）

創業者との協働

セクションの概要

☑ スタジオのリーダーは、たとえ出資比率が低くても、できるだけ早期に創業者を迎え入れることで、より高いレベルの成功を収めたと語っていた。

☑ スタジオは「2度目の創業者」をターゲットにしているが、初めての創業者より採用は困難で、より高い出資比率を要求される可能性がある。

☑ 一部のスタジオでは、YCのようなアクセラレーター型プログラムを採用し、少ない出資（10パーセント程度）でより多くの新規事業を支援することを検討している。

☑ スタジオは、次の三つの方法のいずれかで外部の創業者と協働している。

アプローチ	特徴	メリット	デメリット
制度化された創業者プログラム（取材した19社中7社）	特定のタイプの起業家を選んでオンボードさせるための形式化されたプログラム	・非常にスケーラブル ・起業家1人当たりの追加投資が最も低い	・先行投資が最も大きい
正社員または契約社員の雇用（取材した19社中7社）	スタジオは社内にアイディエーション・プログラムを持ち、特定の案件のために創業者を連れてくる。通常、一度に2〜4人	・優れた創業者にとって魅力的	・創業者主導のアイデアはリスク特性が高い可能性がある
検証済み事業案に起業家をアサイン（取材した19社中5社）	スタジオは前もってアイディエーションと検証を行う。アイデアが十分なレベルに達した時点で、外部から創業者を採用する	・内部でアイデアを創出するしっかりとしたプロセス	・個別に特化した労力が最も求められる

解 説

　優秀な人材とその採用は、スタジオの運営だけでなく、共同創業者の価値を高めるうえでもきわめて重要だ。スタジオがベンチャーのリーダーを探すとなれば、外部の人材を入れることは必然となる。だが、多くのスタジオは、アイディエーションについても外部の人材に期待を寄せている。どのような形で客員起業家（EIR）を登用するかは、スタジオによってまちまちだ。一般的には、次のいずれかの方法で外部の創業者と協働している。

 （1）制度化された創業者プログラム

 （2）正社員または契約社員の雇用

 （3）検証済み事業案に起業家をアサイン

　どの方法にも「優劣」はない。何が妥当かは、スタジオの企業理念による。一番に考えるべきは「費用対効果（ROI）」、つまり、どうすれば最もコストをかけずに質の高い会社を最大数立ち上げられるかだ。金銭面で見れば、「制度化された創業者プログラム」は、プログラムの構築に時間と資金の先行投資が最も必要になる。逆にいえば、最も容易に規模を拡大できる。一方、EIRがわずかかゼロなら、スタジオは創業者に「必要に応じて」資本を投じることができる。だが、その場合、アイデアをマネジメントする内部チームの規模や能力によってスタジオは制約

を受ける。

　それぞれのアプローチには次のようなメリット、デメリットがある。

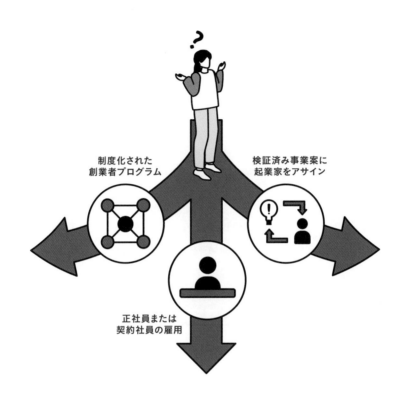

制度化された
創業者プログラム

検証済み事業案に
起業家をアサイン

正社員または
契約社員の雇用

　制度化された創業者プログラムを持つスタジオは、創業者の選定を中心にプロセスを進める。プログラムの目的は、特定のタイプの起業家を選び、スタジオの成功を実現することだ。この選択肢はプログラムにかかる間接費が最も高いため、スタジオは反復性のあるプロセスを持たなければならない。

　対照的に、検証済み事業案に起業家をアサインするスタジオは、内部にアイデアを創出するしっかりとしたプロセスを持っていることが多い。また、経済的な理由からこの選択肢が選ばれることもある。このアプローチでは、アイデアへの投資が大きくなり、スタジオ単独でより多

くの仕事を完了する必要があるため、出資比率が増えてもそれを正当化できるからだ。

　両者の中間といえるのが創業者を正社員または契約社員として活用するアプローチで、バランスが採れている。ここに属するスタジオは、社内にアイディエーションのプログラムを持ち、特定の案件に限って創業者を連れてくる。ただし、外部創業者の管理を専門にしたスタジオではないので、創業者主導のアイデアはより高いリスク特性をもたらす可能性もある。

制度化された創業者プログラム

　初期のアイディエーションや検証を主に外部の創業者に頼っているスタジオは、一般的に、初期の創業人材を選び、受け入れるための何らかの形式化されたプログラムを用意している。私たちが取材したスタジオの37パーセント（19社中7社）は、外部の人材を迎え入れるために一貫性のある制度化されたアプローチをとっていた。創業者プログラムの主な差別化要因の一つは、その採用源だ。募集する役割やプログラムの多くは、説明と応募書類が公開されていて、候補者の大半は応募してきた人たちだ。こうしたプログラムでは、最初のアイデアに大きな比重を置いて応募者を評価することはめったにない。実際、外部で開発したアイデアを受け入れないプログラムもある。その代わり、候補者の経験や起業家としての成功の可能性が重視される。

　創業者プログラムは、時間的な拘束と参加者の数で二つに分けられることが多い。ネクストビッグシング（Next Big Thing）のEIRプログラムやヒューマンベンチャーズの「ヒューマンズ・イン・ザ・ワイルド」インキュベーションプログラムは、短期で、関与の度合いが低く、より多くの創業者候補やアイデアを選別して投資するプログラムの例だ。こうしたプログラムは各スタジオに、短期間（3カ月ほど）で初期のベンチャー

構想をふるいにかけ、起業家をテストする仕組みを提供する。通常、選ばれた参加者には、構想を発展させるための戦略面での支援や最低限の資金が提供される。その後スタジオは、プログラムが終了する際に、追加の資金を出して起業家と会社を「共創開発」するか、見送るかを選択できる。ネクストビッグシングのマーク・ザップ氏は、短期EIRプログラムの利点を次のように語っている。

> 「短期のEIRプログラムが選ばれる大きな要因は、最も有望なアイデアを、最短時間、最小限の出資で見つけ出せることです。このプログラムはまさにそれを可能にし、創業者に、今日のダイナミックなビジネス環境で自身の専門スキルと知識に挑むユニークな機会を与えています」
>
> ──マーク・ザップ（ネクストビッグシングのシニアブランドマネジャー）

ザップ氏が言うように、こうしたプログラムは、初期の創業者やコンセプトをテストするためのきわめて低コストな方法を提供し、実質的に創業者候補の集団にアイディエーション作業を一括してアウトソーシングしている。創業者側の視点でいうと、アイデア開発の初期段階にある起業家は大量の株式を手放さずに支援を受けられるので、それが「ヒューマンズ・イン・ザ・ワイルド」のようなプログラムの大きな魅力となっている。ヒューマンベンチャーズのベンチャーパートナーであるエヴァン・コーエン氏は、この点について次のように語っている。

> 「私たちは起業家の方々と、ときには会社のアイデアがまとまる前や、コードが1行も書かれていない、まさに『ファネル』の最上部にいる起業家と常に一緒に仕事をしたいと望んでいました。ヒューマンズ・イン・ザ・ワイルド・プログラムでは、創業者に自己資本を求めるという入り口の敷居をなくし、超初期段階の起業家がプロ

　一方で、このようなプログラムは、社内でのアイデア創出の妨げにもなりかねず、また、初めのうちは初期資本の見返りもないままに重い管理コストと人件費が発生する可能性がある。こうしたデメリットを回避するため、アイディエーションプロセスの中核となるプログラムを構築しているスタジオもある。これらのプログラムでは、参加人数を絞り、EIRの契約期間を長くしている。選ばれた候補者をプログラムでどう活用するかは、スタジオによって異なることが多い。EIRにアイデアの創出を期待せず、社内で生まれた既存のアイデアを割り当てるスタジオもある。EIRは、いくつかの既存のアイデアを試して検証したうえで、自分たちにマッチした実行可能なコンセプトを見つければいい。一方で、EIRがアイデア創出にゼロから関わることが必要と考えるスタジオもある。その場合、EIRは関心のある分野のリサーチを進め、アイデアを開発して具体化し、スタジオの上層部が承認すれば、プロセスの次の段階に進むことができる。

　これほどの責任は重すぎると感じるEIRもいるかもしれないが、多くの場合、スタジオは、彼らがすぐに完全な創業者としての役割を果たすとは期待していない。代わりに、選ばれたEIRが自ら創業者として働く前に、スタジオの既存のベンチャーをサポートする実習プログラムを用意している。FJラボの実習プログラムは、このような集中型プログラムによるアプローチの最たるものといえる。創業パートナーであるホゼ・マリン氏は、なぜ創業者に既存のアイデアに取り組ませるのではなく実習プログラムを経験させるのか質問され、こう答えている。

　「私たちは、創業者が自ら構築したアイデアに感情移入することが重要だと考えています。こちらで採用し、アイデアを割り当ててし

まうと、創業者の好みに基づいて構造的かつ体系的にたくさんのアイデアを評価するのではなく、一方的に押し付けることになります。それに、EIRの方々に私たちと一緒に働いてもらうことが、長期的な関係を築く一環として、お互いをよく知る絶好の機会になりますから」

——ホゼ・マリン（FJラボの創業パートナー）

　財務的な観点からいうと、この道を選んだスタジオは、モデルを何度も繰り返したり、結果の出ない起業家に投資したり、初めのうちファネルの歩留まりが悪化したりするなど、先に相当な時間と資金をつぎ込むことになるかもしれない。だが、時間がたてば、各起業家に必要な追加投資が少なくてすむ、非常に再現性の高いモデルになる可能性がある。

　このように時間と資金を大量に投入することになるため、多くのスタジオは、もっと軽めの創業者プログラムを模索している。そうしたプログラムであれば、スタジオは事業を急拡大することなく、より多くの新規事業を支援することができる。私たちが取材したあるスタジオは、通常は35パーセントの出資をしているが、10パーセントのプログラムをつくろうと検討しているとのことだった。このスタジオは、共同創業者としてフルに関与するのではなく、より多くのベンチャーを支援する手段として出資率の低いプログラムを考えていた。このモデルの利点はスケーラビリティにある。ある時点でプログラムが大成功している大手スタジオも、やがて支援できるEIRの数には限界が来る。10パーセントの出資プログラムであれば、スタジオ1社が支援できるアイデアのプールは大幅に拡大し、デメリットはさほどない。既存のEIRプログラムが拡大するにつれ、これがより大きなトレンドになっていくと思われる。とはいえ、このモデルはテックスターズやYコンビネーターなどの既存のスタートアップアクセラレーターと酷似しているので、差別化は難しいかもしれない。

正社員または契約社員の雇用

　多くのスタジオは、既存のEIRプログラムを持っていなかったり、定期的に募集していなかったりする。そうしたスタジオは、アイデアの創出や可能性の高い構想に取り組むため、ごく一握りの、通常2〜4人の有望な創業者を一度に雇い入れることがある。制度化された創業者プログラムとは違って、この場合は、スタジオの個人的なネットワークを通じて募集するのが一般的だ。スタジオが有望な創業者候補を追跡するためのデータベースをつくることもある。こうした役職は公募されない場合もあり、候補者は、新しい人やアイデアがスタジオに導入されるタイミングで臨機応変に雇用されることがある。

検証済み事業案に起業家をアサイン

　最後に、通常は、報酬を伴うEIRの採用や制度化された創業者プログラムを使っていないスタジオもわずかにある。こうしたスタジオは、社内でのアイデア創出をかなり重視していて、新しい構想を生み出し、リサーチし、評価するための、強力なビジネスデザインチームを持っている場合もある。取材した19社のうち、ホライズントゥーラボ（Horizon Two Labs）やハイアルファなどの5社がこの基準に当てはまる。こうしたスタジオは、有効なアイデアにCEO候補を割り当てる時期が来たら、外部の人材を連れてくるのが一般的だ。任命された創業者は、将来的な顧客の検証、初期プロダクトの開発、最初の資金調達などを通じてベンチャーを率いる。会社ごとに特定のリーダーを探せば、よりニーズに合ったCEOを見つけられるかもしれない一方で、新しく来たリーダーは、個人的なモチベーションや献身の度合いが低い可能性もある。これは、彼らが最初の構想の開発に関わっていないからかもしれない。

スタジオの設立者たちに共通した傾向として、新規事業に対して早期にチームを結成する方向にシフトしている点が挙げられる。フルタイムのEIR職を置かないスタジオでさえ、創業候補のチームを早くからアイデアに引き入れたほうが成功の確率が高まるという。あるスタジオの設立者は、「リーダーを投入するのが遅くなるほど、事業を軌道に乗せるのは難しくなる」と述べている。また、別のスタジオは、早くから指揮をとる創業者やCEOがいないベンチャー企業は、スタジオの最初のファンドで苦戦することが多いと指摘する。創業者を早く迎え入れると、スタジオは創業者に高い出資比率を与えることになるかもしれないが、私たちの調査では、創業者を早く迎えても、構想がよく練られた後に創業者を任命しても、スタジオの出資割合は同程度だった。創業者の加わるタイミングは、スタジオ内の出資比率に影響を及ぼすかもしれないが、スタジオの過去の成功や評判、初期投資額など他の要素のほうが、スタジオごとの出資比率の差に大きく影響するようだ。

報酬は、スタジオ設立者が公言する最大の課題の一つであり、トップクラスの創業者をEIRの役割や既存のベンチャーに引き込めるかに大きく関わってくる。株式報酬についてはPart 3の「出資比率」で取り上げるが、まずは現金報酬について見ていこう。

■ 現金報酬

EIRは、正社員と期間契約社員の二通りある。正社員雇用のEIRはスタジオから所定の報酬を支払われることが多く、運営予算やスタジオのファンドの管理報酬が原資になるのが一般的だ。こうした社員には通常、期限は設定されないものの、一般的には1年以内に投資可能な新規事業のアイデアに到達することが期待される。スタジオは、EIRが優秀だと判断すれば、社員としてさらに長くとどめておくこともある。そうなればEIRは、第二、第三のベンチャーに挑むことができる。給与はその地域の雇用市場によって変わるが、主要な市場では15万ドルを超え

るなど、かなりの好待遇も珍しくない。こうした現金報酬は、創業者候補にとっては起業を追求するリスクを大幅に軽減するため、非常に魅力的であり、通常、スタジオの運営予算に経費として計上される。

　一方、創業者候補を期間契約社員として参加させるEIRプログラムもある。こうしたEIRは、報酬を月々または契約期間分を一括で受け取り、新規事業の開発に取り組む。契約期間は通常6〜12カ月。多くの場合、EIRはこの間にごく少数のアイデアを試す機会があり、スタジオが資金を提供するコンセプトに到達するか、お役御免のどちらかになる。資金の増額や期間延長を可能にするため、契約にマイルストーン（節目の目標）が盛り込まれることもある。こうした契約はスタジオにとってはリスクが減り、より多くの起業家を試せる可能性もあるが、トップクラスの創業者にとっては魅力的でないことが多い。

　留任となった初期の創業者は、引き続きスタジオから報酬が支払われる場合もあるが、ベンチャーに投資したスタジオのファンドから現金報酬を受け取るのが一般的だ。創業者が報酬として受け取れる額に制限を設けるスタジオもあるが、一度投資したベンチャー企業に対しては、支出を制限しない選択をするスタジオもある。スタジオは、創業者の給与を支払うために、ベンチャー企業への投下資本を増やすか、引き続き報酬をスタジオの運営予算から経費として処理するかを判断する必要がある。

■ 創業者の人物像

　スタジオは、たとえ以前に成功を経験している創業者でも、従来のVC投資よりスタジオを進んで選びたがるという仮説に基づいて動いている。なぜなら、スタジオは、すでに「リスクを減らした」アイデアに運営支援付きで取り組むという選択肢を提供しているからだ。スタジオによっては、実務経験や業界経験のある創業初心者をターゲットにしているところもある。スタジオが提供する支援があれば、通常は比較的簡

単に誘い込めそうなグループだ。特に（FJラボやアトミック〈Atomic〉などの）EIRプログラムは、情熱を注げる特定のプロジェクトや重点業種を持たない起業家志向の人の興味を引くことができる。

だが、私たちの調査によると、ほとんどのスタジオは、実績のある「2度目の創業者」に狙いを定めている。彼らは通常、起業家やVCのコミュニティーにすでにネットワークを持っているため、採用がより困難になる場合もある。そうした創業者にスタジオが売り込む価値提案は、創業者がプロダクトの構築のみに集中できるように、起業に伴うあらゆる管理業務の負担を減らせるという点だ。とはいえ、このセールストークが効くかどうかは、スタジオの評判や過去の実績、スタジオパートナーの人脈、競争力のある報酬額、創業者に有利な株式配分によって大きく左右される。このようなセールストークに心を動かされる起業家はわずかで、そうした人を見つけるのは簡単ではないかもしれない。正社員のEIRは通常、半年から1年以内に投資対象となる事業構想を生み出すことが期待され、その間にいくつものアイデアのプロセスやステップを繰り返すことになるだろう。

スタジオ設立者がEIRやベンチャー創業者に期待することを説明した用語やフレーズを次ページにまとめた。

理想的な創業者像

- ✓ 専門分野の知識
- ✓ 触媒的な人格
- ✓ 技術の専門知識
- ✓ 起業家精神
- ✓ 市場に関する一般知識
- ✓ 多彩なビジネスモデルに精通
- ✓ グリットとレジリエンス
- ✓ スタジオの重点領域に精通、熱狂している
- ✓ マネジメント能力
- ✓ スタジオとの文化の一致

サードパーティー

セクションの概要

☑️ スタジオは当初、エンジニアリング、プロダクト、デザインの業務をすべて社内で抱えていたが、より安価で管理が楽なことから、サードパーティーに開発を委託するケースが多く見られるようになっている。

解 説

　一部のスタジオの傾向として、デザインやエンジニアリングの大規模なチームを社内に置いて維持するのではなく、外部のサービス会社を利用するケースが見られる。もともとのスタジオの設計は、ベンチャー構想の初期MVPやプロトタイプを開発するために、エンジニアリング、プロダクト、デザインのチームをフルに組み入れたものが多かった。ところが、いくつかのスタジオからは、こうしたチームを管理することが困難であり、そこから得られるメリットを十分に享受できないという指摘があった。チームを維持する人件費は、管理報酬で賄えないほど大きくなったり、運営予算に大きな負担をかけたりすることもある。さらに、スタジオとベンチャー企業の間で技術者を移行させるのは簡単ではない。結果的に、スタジオのエンジニアは次々とスタジオを離れて新規のベンチャー企業に移籍し、大きな技術格差を残したまま手がけたベンチャーを去ることになりかねない。

　初期段階の構想については、多くのスタジオが、開発業務をサードパーティーにアウトソーシングするほうが自前でスタッフを維持するより安上がりだと判断した。また、スタジオが成長し、採用や人材獲得に関する知識が深まると、エンジニアを採用してスタジオのベンチャー企業にフルタイムで加わってもらうほうが、社内のサービスを提供するより費用効率が高く、有効だと気づいた。通常、スタジオは、提携するサービス会社のネットワークを持っており、その多くがスタジオ向けに割引料金を提供している。スタジオは、初期ベンチャー企業に対してこうしたサービスを受けるための費用を、スタジオの運営予算で賄うか、ベンチャー企業に割り当てた投下資本から支払う。また、多くのスタジオは、ベンチャー企業が法人化した時点で、こうしたサービスの費用を

請求することにしている。この意味については、この後Part 3bで詳しく説明する。

　大規模なエンジニアリングチームとプロダクトチームを残しているスタジオもあるが、取材したうち三つのスタジオは、もともと大きなエンジニアリングチームを持っていたものの、その後、アイデア創出や人材確保、管理業務（法務、人事、財務）に重点を置いたよりスリムなチームへと移行している。多くのスタジオが、自分たちの価値提案はそこにあると判断しているようだ。

3b

財務上の
決定事項

このセクションでは、それぞれのスタジオが直面する財
務上の重要な意思決定事項にスポットライトを当てる。
スタジオが意思決定を下す際に取るべき選択肢と、私た
ちのデータで観察された傾向について説明する。さらに
次のセクションでは、リーダーが直面するトレードオフ
を具体的に理解するために、これら選択がもたらす定量
的な影響について取り上げる。
読者のみなさんには、スタジオ
モデルを目指す前に、このセク
ションの理解に時間を費やすこ
とをお勧めする。

収益確保

セクションの概要

- [✓] スタジオは、先行投資が高額で流動化までに長い時間を要するため、キャッシュフローの確保が課題だ。収益を確保できれば、このキャッシュフローのギャップを埋め、スタジオのランウェイを延ばせる。

- [✓] 最も一般的な三つの収益創出法

    - [✓] 「ビリングバック」により、スタジオは投資した一部をカバーできるが、その金額はスタジオによって大きく異なる。
    - [✓] 「企業との共創開発」により、スタジオは手数料と株式（30～35パーセント程度）を確保できる。ただし、アイデア開発だけでなく、多くの場合、資金調達やイグジットの行方もパートナー企業の意向に左右されるため、スタジオにとってはリスクが高まる。
    - [✓] 「企業コンサルティング」により、スタジオはかなりのマージン（40パーセント程度）を確保できるが、コンサルティング業務とベンチャー立ち上げにチームを分ける必要がある。取材した19社のうち、この方法をとっていたのは1社のみだった。

- [✓] スタジオのコア事業を妨げないので、戦略としては、サービスの対価を請求するビリングバックが望ましい。

解 説

　前述したように、会社の立ち上げにかかる費用（アイディエーションや検証など）は先払いで発生し、従業員の給与は常に支払わなければならない。しかし多くの場合、イグジットの実現には数年を要し、資金ギャップが生じる。そこで、コンサルティングや共創開発、ビリングバックによって収益を確保することが、ギャップを埋めるのに役立つ。

　資金を調達したスタジオならこのキャッシュフローの問題は解決していると思うかもしれないが、財源維持という課題がこれほどまで大きいことに私たちは驚かされた。リミテッドパートナー（LP）から資金を調達しているスタジオでさえ、収益を上げることにかなり重点を置いている。取材したあるスタジオのリーダーは創業して6年目で、これまで3,000万ドル近くを調達しているが、今も「バーンレートを下げてランウェイを延ばそうと努めている」と語っていた。また、エバーグリーン構造［訳注＊リターンを投資プールに戻し、投資金額が拡大していく構造。起業家を無期限に支援できる］で資金調達した別のスタジオは、収益確保のために企業と手を組んでいるという。さらに、起業の中心地から外れているスタジオでは、リスクを嫌う投資家からの資金調達がはるかに困難なため、

ビリングバック

企業との共創開発

企業コンサルティング

この問題はさらに深刻だ。持続的な収益源の確保は、スタジオの寿命を延ばし、同じ投資額でより多くの会社を生み出す手段であり、すべてのスタジオに関わることだ。

スタジオが収益を確保するには、主に三つの方法がとられていた。

ビリングバック

スタジオが追求できる選択肢の一つは、立ち上げた会社に提供したサービスの対価を請求することだ。私たちの取材によると、請求の目的は利益を出すことではなく、発生したコストの回収にある。そのため、スタジオからは、実費か割引料金で請求しているケースが多かった。

スタジオからの請求は次の三つのステージで異なっていることがわかった。

- **会社設立前**——アイデアは生まれたが、まだ早すぎるためにスタジオブランドの名で運営されている段階。
- **会社設立後でスピンアウト前**——アイデアが十分に具体化され、会社として法人化することを決める。その結果、スタジオはその会社に経費を直接割り振れるようになる。だが、この時点では、会社はまだスタジオ内で活動している。スタジオが創業チームを連れてくることが多い。
- **スピンアウト後**——この時点で、会社はスタジオから切り離され、直接の管理下にない完全に独立した企業として運営される。前述の通り、私たちの調査では、創業から6～18カ月ほどでスピンアウトしている。

当然、こうしたマイルストーンに影響を与える重要な要素は、法人化とスピンアウトのタイミングだ。法人化のタイミングはスタジオの意向

によって大きく異なり、検証やMVP後に法人化する例もかなり見られた。また、スピンアウトは主にシードラウンドとシリーズAラウンドの間で多く見られた。スタジオから投資先のスタートアップへのビリングバックについてはさまざまなアプローチがあり、その詳細は次の通りだ。

「請求なし」──サービスに対する対価を一切請求しないスタジオもある。彼らは、サポートは投資の一部であり、共同創業時に持ち分を得るためのコストと考えている。

「スピンアウト後に請求」──私たちが確認した複数のスタジオは、スタートアップが新たに人材を採用するのを支援するなど、スピンアウト後のサービスに対してのみ実費を請求している。初期の費用は創業者の持ち分の株式と引き換えに負担したものであり、スタートアップはスピンアウト後に受けたサービスの対価についてはスタジオに支払うべき、というのがスタジオ側の主張だ。スタートアップとして独立後はスタジオに実費を払い戻す必要があるというのは、起業家も納得しやすいため、これが一般的なアプローチになっている。

「法人化後に請求」──もう一つ多かったのは、スタジオがスタートアップの法人化後に提供したサービスの費用を請求するケースだ。このアプローチをとるスタジオは、MVPを開発するためのエンジニアリング費用など、サービスの一部のみについて請求することが多い。法人化後は、請求の開始時期としては早いかもしれないが、多くのスタジオは、そうした

サービスが発生すれば、それを提供するのがスタジオかサードパーティーかにかかわらず、対価は支払われるべきだと考えている。さらに、スタジオによってはサービスの一部に対してのみ対価を請求するので、スタジオが設立したスタートアップのコストは、サードパーティーから請求される場合より安くなる。前の二つの選択肢と比べて、法人化後に請求するスタジオのほうが高い収入を見込めるので、このアプローチは魅力的な選択肢といえる。

 「すべての費用を請求」——確認された最も強気なアプローチは、すべてのサービス対価の請求である。私たちが見た中で、この方法をとるスタジオは1社のみだ。というのも、すべての費用を請求すると、創業者株式のかなりの出資比率を得ることの妥当性が問われかねないからだ。このスタジオは、自分たちが主たる創業者であり、ビジネスの100パーセントを享受してしかるべきだと主張して自らの立場を正当化しつつも、起業家の利益のために株式を一部譲渡することにしたという。したがって、スタジオは先行投資に対する対価を得るべき、というわけだ。この方法は、このケースではうまくいっていたが、真似するのは難しいと思われる。サンフランシスコのベイエリアのような資本力のある地域のスタジオでは、起業家が別ルートでの資本導入や起業支援を受けられるため、強気の請求モデルを使うのは厳しいだろう。

　四つの選択肢のうち、スタジオがどの方法を選ぶかは、リーダーの理念とスタジオのキャッシュフローの必要性に左右される。新しいスタジオにとって法人化後のサービス対価を請求することは、キャッシュフローの問題を軽減しつつ、起業家へも比較的説明しやすいため、いい出発点かもしれない。
　最後に、ビリングバックと出資比率の相互の関係に関する未解決だっ

た問題にも触れておこう。強気のビリングバック、特にスピンアウト前の請求を選択するスタジオは、結果的に株式をいくらか諦めざるを得ないだろうと私たちは推測していた。ところが実際は、スピンアウト前のビリングバックとスタジオが取得する持ち分との間に相関関係は見られなかった。サービスに払う数十万ドルが会社の死活問題になることはないので、スタジオに対価を払うことは起業家にとって優先度の高い検討事項ではないと、私たちは見ている。また、創業者がスタジオと協力関係を結ぶのは、スタジオの価値提案が初期の立ち上げ作業にあると理解しているからだ。そのため、提供されたサービスに対価を払うことをもともと想定している創業者もいると思われる。

企業との共創開発

これは、スタジオが大手企業と共同で会社を立ち上げる手法だ。スタジオは、ファネル（アイディエーション、検証、その他）の各段階で、コストにマージンを乗せて企業に費用を請求する。多くの場合、30〜50パーセントのマージンを請求していることがわかった。アイデアがファネルを通過すれば、パートナー企業と共同で会社を立ち上げることになる。スタジオは、社内でアイデアを生み出したときと同じような出資比率を得る（取材によると、30〜35パーセント程度）。共創開発は、大企業で働いた経験があり、大きな組織が持つリソースを理解・評価している創業者候補の興味を引けるかもしれない。取材したスタジオ19社のうちハイアルファやプレハイプ（Prehype）、パイオニアスクエアラボなど6社に、パートナー企業と共同出資でジョイントベンチャーを立ち上げた経験があった。

共創開発にはいくつかメリットがある。第一に、パートナー企業には通常、スタジオが積み上げるのに苦労する特定分野の深い専門知識がある。第二に、資金調達の観点から、パートナー企業は通常、のちの調達

ラウンドでも投資する意向があるので、より確実な資金調達ルートを確保できる。最後に、起業した会社が順調なら、パートナー企業が比較的早い時期にその会社を買収するケースもある。そうなれば、多額のキャッシュフローを得て、迅速かつ成功裏にイグジットを迎えられる。

　とはいえ、共創開発には大きなマイナス面もある。一般的に、スタジオはプロセス全般で主導権を握っているが、パートナー企業側にも発言権があるため、予測不能なことが起きる。たとえば、パートナー企業が共創開発した会社の法人化に踏み切るのを渋り、スタジオが「コンサルティング」段階にとどまらざるを得なかったケースもある。さらに、パートナー企業が共創開発に乗り出す理由には、社内のイノベーションの促進や戦略的価値の拡大という動機がある。だがあいにく、戦略的価値はスタジオにとってはほとんど意味がない。「戦略的価値」を定量化する唯一の方法は、共創開発したジョイントベンチャーをパートナー企業が買収する場合だ。その成功例に、パイオニアスクエアラボ（PSL）のケースがある。PSLは2020年にフォーティヴ社（Fortive）と共同スタジオを立ち上げた。以来、このスタジオは三つの会社を興している。最初のスピンアウトであるチームセンス（Teamsense）は、創業から18カ月とたたずにフォーティヴに買収された。前述のメリットの一つを証明する迅速なイグジットだった。このようなことは起こりうるが、スタジオという事業も、こうした収益源もともにまだ新しく、企業買収が当たり前になるかどうかは定かではない。パイオニアスクエアラボのグレッグ・ゴッテスマン氏は、「戦略的価値」に対する認識が共創開発にとって課題になる可能性があることを次のように語っている。

　　「パートナー企業とのベンチャー開発における最大の課題は、スタジオが法人の形態をとっていない会社をつくる場合と同じで、スピンアウトをリードする非凡な人材を見つけることです。パートナー企業とスタジオが組んだ場合、そうしたトップクラスの共同創業者

を確保するのはより難しくなるかもしれません。彼らは、パートナー企業がスピンアウトに影響を及ぼし、事業の成長が制限されると考えるかもしれません。私たちの仕事は、パートナー企業と力を合わせてそうした認識を払拭し、企業との関係がスピンアウト成功の確率を高めるような独自の価値をもたらすと証明することです」
──グレッグ・ゴッテスマン（パイオニアスクエアラボ共同創業者、マネージングディレクター）

最後に、おそらく最も重要なことだが、多くのスタートアップスタジオは、共創開発と社内での取り組みを同じメンバーで行っている。そのため、共創開発を手がけることは、スタジオ内で会社を立ち上げることと直接的なトレードオフ関係にある。

メリット	デメリット
・パートナー企業側による専門知識 ・より確実な資金調達ルート ・パートナー企業による比較的速やかな買収の可能性	・パートナー企業との協働による予測不可能性 ・戦略的価値に疑問がある ・チームの時間が奪われ、核となるアイデア創出に支障が出るおそれがある

企業コンサルティング

収益確保の残る一つの方法は、スタジオがコンサルタントを務めることだ。スタジオにはデザイン思考の専門知識があり、企業のイノベーションや成長を支援できる。また、開発会社としてスタートしたスタジオであれば、企業のプロダクト構築のために技術人材を提供することもできる。この方法では、スタジオは会社を立ち上げるのではなく、マージンを乗せてサービスの対価を請求する。

この選択肢は、技術的な専門知識を持つスタジオに最も適している。スタジオのリーダーは、技術的なバックグラウンドは持っているが、投

資家の信頼を得るための起業家としての経験がないかもしれない。こうしたスタジオは、コンサルティングや外部へのサービス提供による収入などで資金を集めてから、スタートアップスタジオとしての評判を確立することもできる。しかし、これは一般的な選択ではなく、私たちの取材でこの方法をとっていたのは1社のみだった。それには理由がある。コンサルティングやサービス提供は実入りのいい収益源（そのスタジオのサービス提供の利ざやは40パーセント）だが、連続的にスタートアップを立ち上げるスタジオ本来の使命に反するというデメリットがある。このような契約は、調達が難しく、履行するのも困難なうえ、ひどく時間がかかって、現実的に立ち上げられるスタートアップの数が減ることになる。

業務プロセスのコスト管理

　前節では、スタジオが収益を得ることで、投下した費用を回収するケースを想定している。しかし、スタジオは、業務プロセスのコスト自体を削減するというもう一つの道を選ぶこともできる。それを採用しているスタジオでは、いくつかの方法が確認された。第一に、スタジオはプロセスの一部、特にMVPや初期のプロダクトの開発を外部に委託することができる。そのほうが開発チームをフルで抱えるよりも安上がりかもしれない（「サードパーティー」のセクションを参照）。第二に、スタジオは、アイディエーションプロセスの早い段階で継続か中止かの判断を加えることで、検証やMVPにコストがかかる前にアイデアをつぶすことができる。継続か中止かを決めるマイルストーンはスタジオによって異なるが、最初の「継続」の判断を下すまでは、アイデアにかける費用を5万〜10万ドルに制限しているスタジオもあると聞く。

　最後に、スタジオは、他の地域で立ち上げられ成功したビジネスモデルをコピーすることで、検証やMVPの手間を省くことができる。これ

は主に、比較的小規模あるいは新興の起業エコシステムに属するスタジオに適している。ロケットインターネット（Rocket Internet）や初期のドルッカ（Drukka）などは、この手法を実行するスタジオを設立した（Szigeti, 2019）。プロセスの低コスト化が財務に与える影響はわかりやすいので、ここではモデルの比較をしていない。さまざまなコストを想定して効果を見ることは読者にお任せしたい。

資金調達

前述のように、多くのスタジオは、スピンアウトした会社により多くの資金を投入できるように、自社でファンドを持つ方向に向かっている。スタジオのリーダーが資金調達を検討する際、まず考えなければならないのは、その新しい事業体を持つことが企業の構造にどう影響するかということだ。法律的な問題のように思えるかもしれないが、構造に関する意思決定は、経営にも幅広く影響を与える。スタジオがどのような構造を選択するかによって、従業員へのインセンティブ、事業拡大のための資金調達、資金調達の容易さ、リターンなどに課題が生じる。そこで、ファンドの種類とスタジオの資金調達の話をする前に、まずはスタジオの構造にどのような選択肢があるのか、概要を説明する。

☑ フューチャーサイト（FutureSight）がまとめたスタジオの構造に関する五つの選択肢を確認する［訳注＊以下を参照。https://futuresight.ventures/understanding-startup-studio-legal-structures/］。

☑ 一つの資金事業体として始まった多くのスタジオは、VCから資金調達することで、デュアル・エンティティー（二つの事業体）に移行している。シングル・ファンド・エンティティー（一つの資金事業体）を活用しているスタジオは少数派となっている。

	デュアル・エンティティー（二つの事業体）	シングル・ファンド・エンティティー（一つの資金事業体）
定義	ファンドとスタジオ事業会社が別法人	一法人のみ
株式所有	・事業会社は創業者株式（普通株）を受け取る ・投資ファンドはシードやシード後の投資で得た優先株を保有	普通株と優先株のリターンは単独事業体全体で共有
ファンドの規模に関する検討事項	スタジオの予算に影響を与えずに、より多額の出資や追加投資を狙ってファンドを拡大することは可能か	管理報酬2％、予算200万〜400万ドルなら、1億〜2億ドルのファンド規模が必要
LPの課題	従来のVCと比べて企業内容が独特なため、事業会社の資金調達は簡単ではないかもしれない	初めてのリーダーにとっては、事業を賄えるだけの資金規模を調達するのは簡単ではない

解 説

　スタジオには、投資への多様なアプローチに加え、構造についてもさまざまなアプローチがある。フューチャーサイトがまとめたスタジオの構造に関する選択肢とそれぞれの相対的な長所・短所を確認し、さまざまなフレームワークをよく理解しておくことをお勧めする。スタジオの構造は、利用できる資金の種類や資金源、事業の運営方法、参加者間でのインセンティブの調整に重要な影響を与える。また、スタジオの従業員やパートナーが得られる報酬の種類を彼らが理解するうえでも、大いに関係してくる可能性がある。構造をどうするかは、多くの場合、新規スタジオの創業者が最初に下す意思決定の一つであり、このときの決定がのちのちまで影響を及ぼすことになる。

　前述のように、多くのスタジオがVCファンドから資金を調達するようになり、特に単独事業体として始まったスタジオがデュアル・エンティティーに移行するケースが確認されている。シングル・ファンド・エンティティーを採用しているスタジオは少数派だった。これは単純明快なモデルだが、一つの資金源からのみ資金を調達するという制約があるため、デュアル・エンティティーと比べてさまざまな面で難しさがある。

　スタジオの構造にはいくつかの可能性があるが、私たちが見た多くは、デュアル・エンティティーかシングル・ファンド・エンティティーだった。そのため、本書では特にこの二つの構造に焦点を当てる。ほとんどのスタジオがデュアル・エンティティーを選んでいることから、まずは、このモデルのさまざまな側面を掘り下げていく。そして、関心のある読者のために、シングル・ファンド・エンティティーの考慮すべき事柄についてもセクションの最後で簡単に紹介する。

デュアル・エンティティー

デュアル・エンティティーの軸にあるのは、ファンドとスタジオ事業会社で別法人を設立することだ。事業会社は立ち上げた会社の創業者株式（普通株）を受け取り、投資ファンドはシード投資やシード後の投資で得た優先株を保有することが多い。このため、事業会社と投資ファンドの投資内容は大きく異なる。事業会社が投資先のスタートアップの株式を直接保有するのに対して、ファンドは従来のVCの経済構造に近い（管理報酬2パーセント、成功報酬20パーセント）。

■ スタジオの運営体制

デュアル・エンティティーでは、パートナークラスの経営陣がスタジオと投資ファンドで同じケースがほとんだ。スタジオによっては、他のスタジオ関係者を含む独立した投資委員会を持つ場合もあるが、通常、パートナークラスの経営陣はスタジオとファンドで共通している。スタジオは、スタジオで生み出すスタートアップがステージゲートを通過する基準を設けるが、それと同じように、ファンドの投資委員会も投資を受けるスタートアップの基準を定める。

スタジオの経営陣やリーダーにとって、事業会社とファンドの両方の成長・拡大に参加できるのは大きな魅力だ。多くの場合、パートナークラスの経営陣は、ファンドが生み出すキャリーの一部を受け取りつつ、新規投資先企業の直接的な持ち分も割り当てられる。このように「二重取り」できるため、このモデルは大きな利益が上がるようになっている（スタジオの業績が良ければ、ほぼ間違いなく従来のVCのファンド運用より有利）。また、スタジオが特別目的事業体を使って、投資先企業の株式を個々のパートナークラスの経営陣が直接保有できるようにしているケースもある。スタジオ経営陣以外の従業員については、ファンドのキャリーを受

け取るのか、投資先企業の持ち分を直接取得するのか、かなりばらつきがあった。従業員が、立ち上げた会社で経済的な利益を直接得ている例もあれば、現金の報酬だけを得ている例もあった。スタジオのチームメンバーへの報酬は、業界の相場よりも周囲の市場環境に左右されやすい。

■ 開発費

　デュアル・エンティティーのスタジオは、初期アイディエーションや会社設立の費用を事業会社のバランスシートから支払うことが多い。事業会社のキャッシュは、資金調達、スタジオが外部サービスや会社の立ち上げによって得る収入、スタジオの投資ファンドが受け取る管理報酬（2パーセント）の一部などによって増加する。

スタジオ人件費　　EIR／創業者の
　　　　　　　　　コスト

アイディエーション　リサーチ　　テストと検証

　スタジオの予算は、スタジオの人件費、客員起業家（EIR）や創業者のコスト、アイディエーションやリサーチ、消費者テストや検証の費用に充てることができる。また、スタジオ内に独立したクローズドエンド型

のファンドがあれば、その広範な運営予算でサブファンドの活動全般にわたる費用も賄う場合がある。スタジオは、投資先のスタートアップにこうした初期の運営資金を提供する見返りとして、創業者普通株を受け取る。これは俗に、「プレシード」資金調達と呼ばれている。この資金によって会社がシードを通過すると、そこで優先株への転換社債の形で、スタジオのファンドから最初の本格的な投資が実行される。こうした分離については前述したように例外もあるものの、一般的にはスタジオが普通株を、投資ファンドが優先株を保有する。

■ スタートアップの資金調達

　資金調達に関して、重要な相違点の一つは、投資先スタートアップの資金として外部資本が導入されるタイミングだ。取材した大半のスタジオでは、シリーズＡの資金調達でのみ、ラウンドをリードする外部投資家を呼び込んでいた。これによりスタジオは、希薄化する前に安価な株式を増やす機会を確保できる。だが、少数のスタジオでは、シードラウンドのリード役に外部のVCを招いていた。経験の浅いスタジオや、評判が築けているかどうかに不安を感じるスタジオのリーダーは、市場に対して認知度を上げるために、早期に外部資本を入れるのが有効と判断する場合がある。また、あくまでもアイデアの創出に重点を置くスタジオは、スタートアップが法人化して独立するまでの間しか支援を選択しないこともある。その場合、トレードオフとして初期出資比率は減るが、外部からの資金調達が対外的なメッセージやお墨付きとなり、投資ラウンドの成功につながるかもしれない。

　また一部では、スタジオがスタートアップへの初期投資をコンバーチブル・ノート（転換社債の一種）の形でファンドから行うケースも見られた。これは、スタジオの創業者持ち分の一部と引き換えに提供される。主に、ファンドとスタジオが経済性を共有し、創業者と後の投資家のために十分な所有権を残そうとする目的で行われる。

デュアル・エンティティーは、資金調達かスタジオのバランスシート上の金額を増やすかを決めようとしているスタジオの設立者にとって、特に有効なモデルだ。スタジオ設立者がスタートアップの資金調達ラウンドに参加したい場合、ベンチャー投資用ファンドを持っていれば、パートナークラスの経営陣は投資に対してキャリーと管理報酬を受け取ることができる。つまり、バランスシートから投資するだけで、副次的な報酬なしにアセット運用サービスを提供することになる。

■ スタジオに対するファンドの所有権

　デュアル・エンティティーの決定ポイントの一つは、投資ファンドがスタートアップスタジオ自体に投資して持ち分を所有するかどうかだ。ファンドがスタジオの一部を所有するメリットは、ファンドのリミテッドパートナー(LP) が同じ方向を見てスタジオの成功に向けて投資できることだ。スタジオの株式の持ち分を所有していないファンドは、スタジオの投資先全体やベンチャー創出の能力ではなく、ファンドの投資先だけに注力することになりかねない。LPにとっての重要なメリットは、持ち株会社化しているスタートアップスタジオを通じて、優先株だけでなく普通株にもアクセスできることだ。さらに、スタジオの経営陣の立場からすれば、シードファンドがスタジオの一部になることで、スタジオの資金調達の負担が軽くなる。

　とはいえ、デメリットもある。ファンド投資をスタジオが株式を所有しているスタートアップに振り向ける場合、ファンドのプロファイルは従来のVCとの類似性が低下し、資金調達が困難になる可能性がある。また、ファンドの初期資金の一部をスタジオに振り向ければ、スタートアップに投資できる資金が減少し、結果的に出資比率が下がって、イグジットが小さくなりかねない。私たちの調査では、どちらのケースも見られた。今後、業界として、ファンドがスタートアップスタジオ自体の株式の所有権を持つ方向に進むかどうか、気になるところだ。

■ スタジオのキャリー（成功報酬）

ファンドとスタートアップスタジオでパートナークラスの経営陣が共通の場合、スタジオの上層部は、ファンドからのキャリーの一部をスタジオに振り向ける選択をすることもある。これは、ベンチャーの開発力を向上させ、スタジオのスタッフがベンチャーの将来の成功を共有できるようにするためだ。だが、私たちの調査では、ほんの数例ほどしか見られなかった。スタジオへのキャリーの譲渡は複雑なうえ、ゼネラルパートナー（GP）が自分たちの収益の再投資を望まない可能性があるからだ。

シングル・ファンド・エンティティー

少数ながら、シングル・ファンド・エンティティーのままでいることを選択するスタジオもあった。このモデルの原理は、法人格が一つしか存在しないというものだ。ファンドとスタジオは切り離すことができない。ファンドはクローズドエンド型とオープンエンド型のどちらもありうるが、私たちの調査では、一般的には、エバーグリーンファンド形式のオープンエンド型の仕組みがとられていた。

■ スタジオの運営体制

シングル・ファンド・エンティティーでは、スタートアップスタジオ自体のパートナーシップや株主の構造が確立され、通常、ベンチャーの立ち上げと投資の両面を含めたスタジオ運営全般を単独の事業体で監督する。

■ 開発費

シングル・ファンド・エンティティーのメリットの一つは、わかりや

すくて簡単に実行できること。デメリットは、スタジオの運営と投資先スタートアップへの投資の資金源となる事業体が一つしかないことだ。管理報酬（2パーセント）は通常、新規ベンチャーが法人化されるまでに発生する費用（人件費やアイディエーション費用）に充てられ、法人化後の費用は一般的に、ファンドの投資可能な資金から拠出される。その結果、シングル・ファンド・エンティティーのスタジオは、インキュベーションやベンチャー育成にかかる多額の先行費用を支援するために、大きな資金規模が必要になる。このため、特にスタジオの設立が初めての創業者にとっては、シングル・ファンド・エンティティーとしてスタートするのは非常に難しいといえる。だが、アイデア開発に十分な初期資金を調達できるスタジオにとっては、この仕組みの単純さは非常に魅力的かもしれない。

　初期資金の問題を解消する一つの方法としては、オープンエンド型ファンドとして組織化することが挙げられる。これは、起業経験はあるが投資実績に乏しいスタジオのリーダーにとって特に有効な手だ。オープンエンド型ファンドはベンチャーの構築や運営を強力に支援するので、LPは事実上、スタジオのリーダーの経営能力に投資することになり、投資経験に関しては柔軟に対応できる可能性がある。実際、取材したあるスタジオは、オープンエンド型シングル・ファンド・エンティティーを利用する理由をこう述べている。「（我々には）ベンチャーの立ち上げに優れた実績があっても、アセットマネジャーとしてはたいして実績がないとのフィードバックをもらいました……そこで、持ち株会社をつくり、アセットマネジャーとしてではなくビルダーとして（LPから）投資してもらえるようにしました」

　シングル・ファンド・エンティティーにはシンプルという利点がある一方で（親会社やスポンサーがいない場合）、スタジオの資金を含めたすべての資金を投資ファンドから調達しなければならないという制約がある。投資ファンドのLPは、管理報酬以外をスタジオの業務に充てるのを認

めない可能性が高い。スタジオの年間の活動費が200万～400万ドルとすると、シングル・ファンド・エンティティーのファンド規模は1億～2億ドル（管理報酬2パーセント）が必要になる。エバーグリーンのファンド構造を持つスタジオ、ポリマスベンチャーズ（Polymath Ventures）のウェンイー・ツァイ氏は、シングル・ファンド・エンティティーの制約について次のように語っている。

> 「私たちは、新しい会社の立ち上げや既存のベンチャーへの投資・支援に柔軟に資本を配分できるように、エバーグリーンという構造を選びました。立ち上げのコストは、2パーセントの管理報酬の範囲内にはとても収まりません。それに企業の評価は、資本の展開に対する20パーセントのキャリー構造より、私たちがどのように価値を創造しているかに符合しています」
>
> ──ウェンイー・ツァイ（ポリマスベンチャーズ創業者、CEO）

　創業時にそのような大規模な資金を調達できて、リターンの大半をファンド（スタジオ）が保持することを保証するLP契約を締結できたスタジオは、シングル・ファンド・エンティティーが向いている。だが、次に説明するように、ほとんどのスタジオでは、少なくとも3度目か4度目のファンドまでは、1億～2億ドルの資金規模になることはない。そのため、大部分のケースでは、スタジオがファンドを保有する場合、デュアル・エンティティーを利用すべきだろう。デュアル・エンティティーのほうが複雑にはなるが、リーダーはスタジオの資金を別に調達することができる。

■ スタートアップの資金調達

　このモデルでは、新規スタートアップへの初期資金やその後のラウンドでの追加投資は、単純にファンドから拠出される。また、既存のベン

チャーに対するレイターステージでの成長投資は、スタジオとは別の大規模なグロースファンド［訳注＊成長株を投資対象とするファンド］から実施される場合もある。

■ スタジオのファンド所有権

　シングル・ファンド・エンティティーでは、ファンドとスタジオが一体なので、出資分はすべて同じ事業体が保有する。ファンドへのリターンは、スタジオの運営資金や、さらなるベンチャーへのシード投資に活用することができる。

■ スタジオのキャリー（ファンドの成功報酬）

　デュアル・エンティティーと同じように、スタジオのパートナーは、キャリーをスタジオ運営に再投資するかスタジオ関係者に配分するかを選択できる。

ファンドの種類
セクションの概要

☑ 投資ファンドは、オープンエンド型（エバーグリーン）でもクローズドエンド型でも組成できる。取材したほとんどのスタジオは、クローズドエンド型ファンドを選択していた。

♻ エバーグリーンファンドであれば、スタジオのリーダーには最大限の柔軟性が与えられるが、最も一般的に受け入れられているVCの投資構造ではないため、LPを呼び込むのは難しくなる。

> ☑ エバーグリーンファンドでは、投資先スタートアップのイグジットで回収した資金はすべてファンドに戻り、投資資金が増加する。
> ☑ スタジオは、投資家に対して、5～10年の期間内に通常5～20パーセントの範囲で優先株の配当を保証する場合がある。

➡ クローズドエンド型ファンドは、VCのコミュニティーで受け入れられているため、最も多く利用されている。

> ☑ 一定期間に一定数のスタートアップを創設することを目的としていて、投資家は自分の購入するものがより明確になる。
> ☑ 当初のファンドは小規模（1,000万～2,000万ドル）で、その後5,000万～1億ドル程度の規模になる傾向がある。スタジオが3度目の資金調達をすると、1億～2億ドル規模となり、追加投資に対応できるようになることが多い。
> ☑ スタジオは3～4年ごとに資金調達をする傾向があり、これは従来のVCのサイクルよりも短い。

解 説

　シングル・ファンド・エンティティーとデュアル・エンティティーの
スタジオモデルでは、投資期間やリターンのスケジュールも異なる傾向
にある。スタジオのファンドはオープンエンド型とクローズドエンド型
に分かれ、一般的に、デュアル・エンティティーではクローズドエンド
型、シングル・ファンド・エンティティーではオープンエンド型が採用
されていた。

オープンエンド型（エバーグリーン）

　アレイコープ、ポリマス、ファウンダーズ（Founders）、ルールワンな
どのスタジオはすべて、エバーグリーン型のファンドまたは会社として
構築することを選択した。これによりスタジオは、厳格な清算を想定せ
ずにベンチャー創出や投資が可能で、回収した出資金を組織に戻して投
資を継続していけるようになる。多くのスタジオは、投資プールからの
リターンの代わりに、通常5〜20パーセントの範囲で投資家に優先株の
配当を保証している。エバーグリーン構造はスタジオにとって特に有益
となりうるもので、次のような可能性がある。

・スタジオが成熟する過程でLPが参加したり退出したりできる。
・スタジオは、開発中のベンチャーの成功や数をもとに、運営予算の
　ニーズを修正できる。
・複数のファンドやベンチャー企業間で管理報酬を配分する複雑さが
　軽減される。
・スタジオは必要に応じてベンチャー構築や投資のテーマを変更でき

る。

- スタジオは「罪の産業［訳注＊アルコール、タバコ、ギャンブル、銃器産業など］といった、従来のクローズドエンド型ファンドのLPが認めないような機会領域も追求できる。

オープンエンド型ファンドでは、基礎となる非流動性アセットを重視するスタジオにとってはLPの管理が容易ではないかもしれないが、一般的に、クローズドエンド型ファンドにはない一定の柔軟性がスタジオのリーダーに与えられる。ルールワンのトッド・エールリヒ氏は、自身のスタジオがエバーグリーンファンド構造を選んだ理由を尋ねられ、こう答えている。

「スタジオではアイデアの段階からスタートすることが多いので、10年のクローズドエンド型では余計な制約が加わり、持続不可能な成長率や早すぎるイグジットを強いられて、戦略上の不整合につながりかねません。スタジオモデルと組み合わせたエバーグリーン構造のおかげで、株式価値の創造と、小規模な資本投資のリターンを拡大できる配当機会の両方が得られ、同時に、イグジットだけに頼らず、存続する会社からの長期的なリターンも享受し続けられます。何より、話をする起業家の大半が、このモデルに魅力を感じていることが重要なポイントです」

——トッド・エールリヒ（ルールワン共同創業者、CEO、ゼネラルパートナー）

とすると、現状で、なぜオープンエンド型ファンドがスタートアップスタジオの主流の構造ではないのだろうか。一般的に、オープンエンド型の構造のほうがLPからの資金集めが難しくなるからではないか、と私たちは考えている。スタートアップの場合、投資の評価が難しく、あまり当てにならないうえ、流動化までに時間がかかる。ファンドの収益

がスタジオに再投資される仕組みでは、特にクローズドエンド型の従来のVCファンドと比較した場合、LPには支持されにくい可能性がある。私たちの調査によると、エバーグリーンファンドでスタートしたスタジオがそれを実現できたのは、きわめて忍耐強い少数のLPと連携したおかげだった。そして、ベンチャーの成功などを十分に達成した後は、ベンチャー企業からのリターンでスタジオの成長を加速することができた。だが、すべてのスタジオのリーダーが忍耐強いLPとコンタクトをとれるわけではない。特に、スタジオや投資の世界に加わったばかりの新参者ならなおのことである。長期的に見れば、スタジオ業界にオープンエンド型ファンドは増えていくことになるのだろうか。2021年、セコイア（Sequoia）は、同社初のオープンエンド型ファンドを発表した。セコイアのような一流のVCがオープンエンド型モデルを導入したことは業界に衝撃を与え、今後こういった流れが増えてくるのではないかと多くの人が考えている。エバーグリーンファンドの仕組みは、ファウンダーズのウルリク・トロル氏にとって、これまでのところうまく機能しているようだ。

「クローズドエンド型のリミテッドパートナーシップ［訳注＊GP最低一人とLPによって構成される事業組織］は公明正大です。10年後にLPとGPの間でどうパイを分けるかが明確なわけですから。ところがエバーグリーンでは、当事者間でより長期的な、世代を超えた信頼が必要になります。これは、特にGPにとってはかなりの賭けです。ですが、エバーグリーンを『手堅いビジネス』にしている諸々の側面を考え、飛び込んでみるべきだと確信しました。そして最初の10年がたち、これまでのところ、我々はその選択が正しかったと確信しています」

——ウルリク・トロル（ファウンダーズ創業者、マネージングパートナー）

クローズドエンド型

ダイアグラム（Diagram）やアトミックなどのスタジオは、資金量や取引期間が明確に設定されたクローズドエンド型ファンドやスタジオを好む。投資家の資金で立ち上げる会社の数やイグジットの時期が不透明なオープンエンド型と比べて、こちらのファンドは通常、一定期間に一定数の会社の創設を目指していて、投資家に対して彼らの購入する内容をより明確に提示する。このファンド構造を持つスタジオは、多くの場合、成功によってより大規模な次の資金調達につながることで成長していく。そうしてスタジオは規模を拡大し、立ち上げる会社数を増やし、追加投資に費やす額を増加することができる。ただし、個別のファンドを並行して運営する場合、会社の継続的な支援や、会社間の管理報酬の配分が難しくなる可能性もある。

またこの構造では、後続のラウンドでどれだけの資金を、どれだけの期間（シリーズBまで、Cまで、など）投資できるかの制限もある。スタジオは、立ち上げたスタートアップの所有権を維持するために、追加投資に参加できる、より大きな額の追加資金を調達しなければならない。資金が大きくなれば、スタジオはスタートアップへの投資を長期化し、所有権の希薄化を防いで、より大きなイグジットにつなげることができる。これは業界全体で見られる傾向だ。私たちが見てきたところ、ファンドは、最初は小規模（1,000万〜2,000万ドル）で、その後、5,000万〜1億ドルほどの規模になる傾向にあった。そしてスタジオが3度目の資金調達を実施すると、その規模は概して、追加投資を賄える1億〜2億ドルほどになる。

ファンド規模の制限により、スタジオが追加投資を行えなくなった場合でも、スタジオのリーダーはLPにプロラタ出資権をシンジケーションしていると聞いている。これにより、LPはポートフォリオへのアクセ

スを継続して得ることができ、スタジオは成功したスタートアップのプロラタの大部分を活用できることになる。このモデルは従来のVCに近いため、おそらく一般的なLPにはより魅力的に感じられるだろう。ただし、運用の観点から、個別のファンドの場合、継続的なスタートアップ支援や会社間の管理報酬の配分が難しくなる可能性がある。

　最後に、ファンドを募る際には、投資の期間を考慮しなければならない。理想的には、スタジオのリーダーは、最初のイグジットに到達するまでの十分なランウェイがとれる資金を調達できることが望ましい。だが、そのイグジットには6〜10年ほどかかるかもしれないので、LPには難しい要求となる可能性が高い。私たちの見たところ、スタジオは、従来のVCファンドの投資期間よりはるかに短い数年（3〜4年）ごとに資金を調達している。そうすれば、未実現の評価トレンドといくつかのイグジットを利用して、次の資金調達の正当性を示すことができる。

スタジオの資金調達
セクションの概要

☑ すべてのスタジオは、その仕組みや、投資ファンドを持つ選択をするかどうかにかかわらず、スタジオ運営のための資金を調達する必要がある。

☑ スタートアップスタジオは新しいアセットクラスであり、従来のVCの仕組みとは異なるため、スタジオのリーダーは投資家の説得に苦労する場合がある。

☑ スタートアップスタジオは、主に個人の資産家やファミリーオフィス［訳注＊一定額以上の資産を持つ富裕層を対象に、アセットの管理と運営サービスを提供する組織］からの少人数のLP基盤を維持する傾向にある。

☑ スタジオは、スタジオを運営する事業会社または持ち株会社に対して投資家から1,000万〜2,000万ドルを調達するが、少数ながら、5,000万ドルを調達する例外的なスタジオもある。

スタジオを運営する 事業会社の特徴	ターゲットとする投資家像
・超アーリーステージのベンチャー開発にアクセスできる	・リスク選好型
・立ち上げたスタートアップの創業者株式を保有している	・投資先企業や成功したベンチャービルダーと直接つながりを持ちたい投資家
・明確な出口戦略がなく、投資先企業のイグジットに伴う配当も約束しない	・5〜7年は一定の利益獲得を必要としない忍耐強い投資家

　投資ファンドとは別に、スタジオは自らの事業（以下、「スタジオを運営する事業会社」）のために資金を調達する必要がある。スタートアップスタジオは比較的新しいアセットクラスのため、スタジオのリーダーにとっては、従来のVCの仕組みに慣れている投資家を説得してスタジオを運営する事業会社に投資してもらうのは難しい場合がある。しかもこの課題は、投資家がスタジオモデルのメリットをよく知らないような、成熟度の低い起業エコシステムで運営されるスタジオにとって、いっそう深刻さを増す可能性がある（Szigeti, 2019）。

　私たちの調査によれば、スタジオを運営する事業会社がターゲットとする投資家像には次のような特徴がある。

ターゲットとする投資家像

✓ リスク許容／選好型

✓ スタジオが普通株を保有していることから、投資先
　企業との直接的なつながりや、成功したベンチャー
　ビルダーへの直接投資を求めている

✓ スタジオに明確な出口戦略がなく、配当の保証もな
　いことから、5〜7年の間で一定のイグジットを必要
　としない忍耐強い投資家

結果として、スタジオを運営する事業会社は、主に個人の資産家やファミリーオフィスからの少人数のLP基盤を維持することが多い。こうしたLPはより柔軟で忍耐強い傾向があり、この分野の新しさを考えると、それはきわめて重要な特性といえる。量的には、スタジオは、事業会社または持ち株会社のために投資家から1,000万〜2,000万ドルを調達するのが一般的だが、5,000万ドルを調達する例外的なスタジオもわずかに見られた。

　デュアル・エンティティーの構造をとるスタジオの場合、スタジオを運営する事業会社と投資ファンドの資金は別々のLPプールから調達することになる。スタジオの投資ファンドはVCファンドに相当するため、スタートアップスタジオ自体よりも資金は大規模で、LP基盤も多様になる傾向にある。たとえば、取材したあるスタジオの場合、スタジオ自体のLPは2名のみだったが、ファンドには「数十名」のLPを抱えていた。

　スタジオが成熟し、ベンチャーの成功と高い初期出資比率によるリターンの妥当性を示すようになると、より一般的なLPからの出資参加も増えると予想される。

☑ 出資比率はスタジオによって異なるが、一般的には25〜40パーセントの範囲。

☑ かつては、スタジオの多くが投資先スタートアップの株式の過半数を所有していた。だが、これが投資家や新しい従業員にとっての障害になった。これを受けて、スタジオは創業時の出資比率を下げるようになり、私たちが取材した19のスタジオに関しては、過半数を取るのは4社のみだった。

☑ 後続の投資ラウンドに全面的に参加できる資金を持つスタジオはほとんどないものの、大きな資金を持つスタジオは、シリーズA、Bを通して20〜35パーセントの比率を維持する。

☑ 投資先スタートアップに標準的な持ち分の株式を保有していないスタジオも複数あった。スタジオの出資比率が高くなるかどうかは、次の重要な要素で決まる。

  ☑ スタジオ主導でアイデアを創出
  ☑ 初めての創業者
  ☑ 創業者が自己資本を出資していない
  ☑ 創業者が現金給与を受け取っている
  ☑ 創業者がCEOを担っていない

　スタジオが保有する会社の数は、リターンを左右する重要な要素だ。そしてこれは、スタジオが創業者にいくら払う用意があるかを表すものでもあり、起業家の関心を引く最も重要な方法の一つになる。

　創業者とスタジオの株式の配分にはかなりばらつきはあるが、スタジオが25〜40パーセントを保有するのが業界全体で最も一般的な比率のようだ。ベンチャーのライフサイクルの中で、のちの調達ラウンドに全面的に参加できる資金を持ったスタジオはほとんどない。そのため、多くのスタジオは最初の株式の持ち分を、将来、希薄化によって減少することを見越して取得する。資金力のある一部のスタジオは、シリーズAとBを通して20〜35パーセントほどの比率を目標にしている。

　かつては、多くのスタジオがベンチャー企業の株式の過半数を所有していたという（Szigeti,2016）。だが、そうしたスタジオは、結果的に苦戦した。出資比率が高いせいでトップクラスの創業者の人材を確保できないうえ、従来とは異なる資本政策（キャップテーブル）にVC投資家が困惑したからだ。そのため、スタジオは出資比率を、起業家にも投資家にも受け入れられるレベル、一般的に25〜40パーセントにまで引き下げた。たとえば、取材したあるスタジオは、出資比率70パーセントで始めたものの、それでは一流の創業者が集まらないことに気づいた。結果的に、創業者が自分で会社を興した場合と同等でなければならないと判断し、創業チームと従業員のオプションプールに最低50パーセントの持ち分を与えることで落ち着いた。現在、取材した19のスタジオのうち4社のみが、自分たちは「真の創業者」だとして、ベンチャー企業の株式の過半数を取得している。そうしたスタジオは、最初に高い持ち分を取っても、それに見合うだけのより確固とした実績やアイディエーショ

ンチームを持ち、自社でサポートサービスを行う傾向がある。株式の配分がこのように非常に優先度の高い問題であることを考えると、スタジオのリーダーは業界の期待を知り、敏感に反応する必要がある。

　各スタジオではそれぞれ、ベンチャー企業ごとにさまざまな出資比率での分割が行われていた。あるスタジオでは、スタートアップの創業者が受け取れる株式は5〜50パーセントの範囲だという。制度化された創業者プログラム以外で創業者への配分の基準があることはまれで、それがスタジオの経済性や交渉を複雑なものにしている。スタジオは、客員起業家（EIR）の役割や報酬を意図的に公表しないケースが多いため、報酬額をケースバイケースで決めることができる。スタートアップの創業者とスタジオ間の出資比率を左右するものには、いくつか変動要素がある。

・創業者はアイデアの創出に加わったか
・創業者を務めるのは2度目か
・創業者は自己資本を出資しているか
・創業者は給与を受け取っているか、いないか
・創業者が担う役割は何か（最高経営責任者（CEO）か、最高技術責任者（CTO）か、最高プロダクト責任者（CPO）か）

　こうした要素によって、スタジオがどれだけの影響力をもって最初に高い出資比率を確保できるかが決まってくる。

スタジオモデルの
徹底分析

モデルの概要

　私たちの二つ目の疑問、「スタートアップスタジオはなぜ財務的に成り立つのか」に答えるには、まずスタジオの財務モデルを理解する必要がある。そのため、私たちの調査結果をもとに大まかな財務テンプレートを作成した。簡略化されているが、私たちはこれを使って、スタジオが下さなければならない意思決定への理解を深めた。スタジオの設立を目指す人やスタジオへの投資を検討している投資家にとって役立つ基礎になることを願っている。

　まず、「基本ケース」の分析から始める。基本ケースは、最も単純化したシングル・ファンド・エンティティーのスタジオのものとする。数値は、私たちの推測に基づいた参考値である。

　基本ケースでは、スタジオの成功に最も影響すると考えられる四つのレバーを紹介する。

 収益確保：ビリングバック、企業との共創開発

 資金調達

 出資比率

 イグジットの成果：タイミング、分布

以下の分析と考察で、それぞれのレバーについて個別に掘り下げていく。ここでの目的は、数値そのものに注目するのではなく、特定のレバーを引いた場合の傾向や、方向性が与える影響に目を向けることにある。それぞれの結果を基本ケースと比較し、最後に「楽観的ケース」を紹介する。楽観的ケースとは、最も成功したベスト・イン・クラスのスタジオの意思決定を想定したものだ。また、次のセクションでは、ベスト・イン・クラスのVCの収益とこの楽観的ケースを比較する。

　もちろん、これらの重要なレバー以外にも、ファネルの効率やプロセスのコストなど、モデルに影響を与える前提はいくつもある。そうした要素はスタジオごとに異なるが、業界平均を想定し、最も感度の高いレバーに焦点を当てた。

セクションの概要

☑ 基本ケースから始めて、各レバーを個別に紹介していく。基本ケースと比較した現金残高、内部収益率（IRR）、投資倍率（MoM）の変化から、影響度を小、中、大に分類している。

☑ 特に影響が大きいレバーは、資金調達、出資比率の引き下げ、イグジットのタイミングで、ビリングバックの影響度は中程度である。

			10年目		
			現金残高	実現IRR	実現MoM
基本ケース			9,000万ドル	24%	9倍
レバー	サブレバー	影響	現金残高	実現IRR	実現MoM
収益確保	ビリングバック（顧客実証後）	中	9,500万ドル	30%	14倍
	企業との共創開発	小	9,200万ドル	27%	11倍
資金調達		大	スタジオ9,800万ドル／ファンドの収益含めて1億2,900万ドル	37%（スタジオ）／15%（ファンド）	24倍（スタジオ）／4倍（ファンド）
出資比率	ラウンドごとに10%ずつ希薄化	小	7,500万ドル	22%	7倍
	最低持ち分8%	大	100万ドル	▲20%	0.1倍
イグジットの成果	イグジットの遅れ	大	4,600万ドル	10%	2.5倍
	タイミング（早期イグジット1社）	中	1億1,000万ドル	34%	19倍
	現実的な分布	中	1億9,900万ドル	34%	19倍

☑ 「ベスト・イン・クラス・ケース」は、最も成功したスタジオが下すと思われる意思決定を表している。その中身は以下の通りだ。

    ☑ 顧客実証後のビリングバックやパートナー企業との共創開発で収益を確保。

    ☑ スタジオからスピンアウトしたスタートアップのシリーズBまでのフォローオン投資ラウンドの20パーセントに投資するクローズドエンド型ファンドを持ち、管理報酬2パーセント、キャリー（成功報酬）20パーセントで運用。

    ☑ 1社を7,500万ドルで早期イグジット。

    ☑ 平均5億7,500万ドルの現実的なイグジットの分布。

☑ 私たちのベスト・イン・クラス・ケースでは、スタジオは10年目までにIRR100パーセント、MoM1,000倍超を達成する。また、10年目までに、最初のファンドがIRR26パーセント、MoM10倍で完全に投資回収される。

基本ケース

　基本ケースは、最もシンプルなスタジオを想定している。つまり、ファンドを持たず、収益も出さず、ただ創業者の株式持ち分と引き換えに会社を立ち上げる場合だ。アイデアは、社内の努力や少数の客員起業家（EIR）が生み出す。10年目までに、スタジオは年間7社の新しい会社を立ち上げる。その内訳は、4社が社内でのアイディエーションから、3社がEIRから。これは、私たちが取材したほとんどのスタジオよりも多い数（73パーセントが年間4社未満と予想）だが、現在、大半のスタジオは設立から10年に満たない。私たちの基本ケースは、将来を予測したものだ。イグジットは会社のスピンアウトから5年後、または創業から6年後に始まると仮定している（「その他の前提条件」のセクションの「資金調達の時期」を参照）。最後に、基本ケースでは、立ち上げた会社の30パーセントがイグジットに成功すると想定している（「イグジットの可能性」のセクションを参照）。成功したイグジットの平均額は2億8,000万ドルで、これはイグジットの4パーセントがユニコーン［訳注＊時価総額10億ドル以上の未上場ベンチャー企業］になることを意味している（「イグジットの分布」のセクションを参照）。基本ケースの詳細については、付録のファイナンスモデル（エクセルでダウンロード可能）を参照してほしい。

　どんなビジネスも、黒字化と現金残高を確保することが、存続を保証する重要な指標となる。前述のように、スタートアップスタジオはLPにとって比較的新しいアセットクラスであるため、資金調達は簡単ではないかもしれない。そこで、スタジオモデルをつくる際、スタジオが持続可能なビジネスとなるには資金がどのくらい必要かをよく理解するため、年間の純利益と累計現金残高の予測に重点を置いた。わかりやすくするために、純利益は現金ベースとし、キャッシュバーン［訳注＊キャッ

シュフローにおける収入と支出を単純に計算したもの。マイナスであれば現金が燃焼している状態］も表している。基本ケースの予測を次のグラフ1と2に示す。

　イグジットが実現しはじめるのは6年目からで、収益源はないと仮定

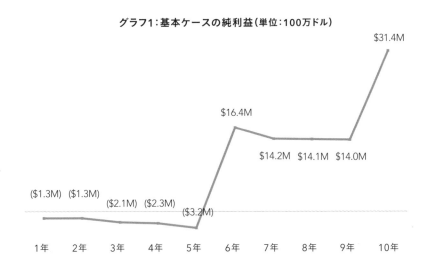

グラフ1：基本ケースの純利益（単位：100万ドル）

$31.4M

$16.4M

$14.2M　$14.1M　$14.0M

($1.3M)　($1.3M)

　　　　　　　　($2.1M)　($2.3M)

　　　　　　　　　　　　　　($3.2M)

1年　2年　3年　4年　5年　6年　7年　8年　9年　10年

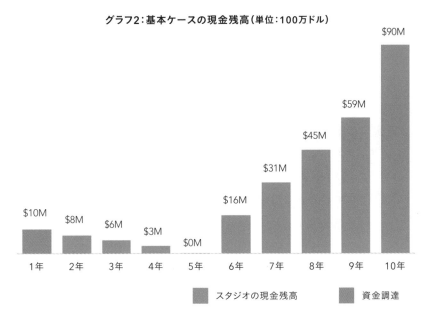

グラフ2：基本ケースの現金残高（単位：100万ドル）

$90M

$59M

$45M

$31M

$16M

$10M　$8M　$6M　$3M　$0M

1年　2年　3年　4年　5年　6年　7年　8年　9年　10年

スタジオの現金残高　　　　資金調達

しているため、スタジオは5年間、赤字が続く。最初の数年は年間130万ドルを2社の立ち上げに、その後は320万ドルを5社の立ち上げに投じる。私たちの調査では、この数字はスタジオの平均的な運営予算である200万ドルとほぼ合致する。グラフ2のピンクの縦棒で示すように、スタジオは5年目までの運営資金として約1,000万ドルの現金を調達する必要がある。だが、6年目に入ると、年間に1件以上のイグジットが出るようになる。イグジットの金額は1社当たり約2,200万ドルで、スタジオは年間約1,400万ドルの利益を出せるようになる。5年間のイグジットでリターンは約1億3,200万ドルにのぼる。これは、投資家が投入した金額の10倍以上であり、さらに未実現のリターンも数百万ドル単位で眠っている可能性がある。ここでは、イグジットによる利益はスタジオとそのポートフォリオに再投資されると仮定しているが、実際には、投資家は分配金を受け取ることもできる。仮に10年目にすべての利益を配当として投資家に支払った場合、実現IRRは24パーセント、MoMは9倍になる。

　このように、基本ケースであってもスタジオモデルの強さは明らかだ。イグジットが始まれば、スタジオの運営を維持するのに十分なキャッシュを生み出すことができる。とはいえ、このモデルに課題がないわけではない。スタジオが直面する最も大きな課題は、キャッシュフローだ。スタジオは会社をつくるところであり、価値提案は会社設立を加速させることだが、そのプロセス全体にかなりの時間がかかる。私たちの仮定によると、スタジオはイグジットが始まる6年目までキャッシュバーンが続く。もし、イグジットまでにさらに時間がかかるか、あるいは、イグジットの金額が基本ケースのレベルに達しなければ、この課題はいっそう顕著になる（「希薄化の影響度」と「イグジットの分布」のセクションを参照）。VCの投資と比べれば少額に思えるかもしれないが、業界の若さや、潜在的なLPが二の足を踏むことを考えると、スタジオの経営陣にとって1,000万ドルの確保は難しいかもしれない。

収益確保

ビリングバックに関する前提

　Part 3bで説明したように、最も一般的な方法は、法人化後のサービスの一部の費用を請求（ビリングバック）することだった。スタジオが投資先スタートアップを法人化するタイミングにはかなりのばらつきがあるため、法人化後のビリングバックを、顧客実証後にする場合とMVP開発後にする場合の両方について説明する。このモデルでは、法人化後のサービスはすべて実費で請求し、これらのサービスが純利益には影響しないと仮定している。また、このモデルでは、法人化は創業チームの立ち上げから12カ月後のプレシード後に起きると想定している。これは、私たちが取材したスタジオよりも早いが、モデルの仕組みを単純化し、スタジオによるサポート費用をすべて創業1年目に計上できるようにするため、12カ月としている。シードやシリーズAでスピンアウトする場合は、モデルを変更して、スタジオのサポート費用が複数年にわたってどのように増えるかを示す必要がある。もしスタジオが、そのプロセスやサポートの期間を延長するのであれば、サポート能力も高めなければならない。したがって、シードやシリーズAのスピンアウトでも、実勢で見れば財務内容は同じようなものになると考えられる。

　私たちの取材から、二つのコスト指標が重要だとわかった。一つ目の重要なコスト指標は、1社を立ち上げるのにかかる費用総額で、これは厳しくチェックされている。通常、スタジオは、正式な投資（formal investments）を除いて、会社を1社立ち上げるのに25万～70万ドルの初期費用を投じる。これには、成功した1社にたどり着くまでに失敗したア

イデアのコストも含まれている。私たちのモデルでは、ステージごとの
アイデアとコストを次の表のように想定している。また、法人化後の人
材採用や資金支援は、法人化に至ったアイデア1件につき合計6万8,000
ドルとしている。したがって、このモデルでは、スピンアウトしたアイ
デア1件にかかるコストの総額は35万〜41万5,000ドルになる。

	アイデア数	コスト（ドル）
アイディエーション	25	5,000
顧客実証	3	5万
MVP	1	15万

　二つ目の重要なコスト指標は、スタジオがいくら請求（ビリングバック）
できるかだ。実質的にスタジオは、スピンアウトした会社が資金を得た
ときのみ請求を開始できる。つまり、ビリングバックが開始されるのは
通常、少なくともプレシードステージ、すなわち会社がスピンアウトし
てスタジオから最初の小切手を受け取ってからになる。この時点で、プ
レシード資金の一部が、スタジオによるサービスに対する支払いに充て
られる（たとえば、スタジオがプレシード資金として50万ドルを提供し、スピンアウト
した会社が10万ドルの支払い義務を負っている場合、会社は正味40万ドルの資金しか受
け取れない）。ビリングバックの額は、マージンや割引率、法人化の時点
によって変わってくる。ビリングバックを実施した多くのスタジオは実
費を請求していて、私たちのモデルもそれを前提にしている。また、
EIRが創業した会社の場合、EIRの報酬を除くすべてのコストが請求さ
れると仮定した。顧客実証時やMVP開発にかかるコストは、スタジオ
チームが行うかなりの作業をEIRが担うため、スタジオ内部のスタッフ
のみで立ち上げた会社より若干低くなると想定している。以下では、ビ
リングバックの影響について整理した。

ビリングバックによる財務上の影響

　法人化がMVP開発後に行われ、スタジオが法人化後のサービスに対して実費を請求するとした場合、回収できるのは1社当たり6万8,000ドルのみだ。そのため、スタジオの現金残高への影響は比較的小さい。スタジオに必要な現金調達額は、基本ケースの1,000万ドルに対して900万ドルとなり、その差はわずか100万ドルにすぎない。これは、コストの大半がMVP開発とテスト時に発生するからだ。スタジオはこれらのコストをスタートアップに請求せず、全面的に負担する。一方、法人化が顧客実証後の場合はどうなるかを見てみよう（グラフ3、4）。スタジオは立ち上げた会社それぞれに約20万ドルを請求することができ、その額は先ほどの3倍以上になる。つまり、スタジオの収益は、最初の数年は40万ドル、その後150万ドルに増える。したがって、スタジオは700万ドルを調達するだけですむ。その差は300万ドルで、スタジオが必要とする資金量が35パーセント削減される。MVP開発とテストで発

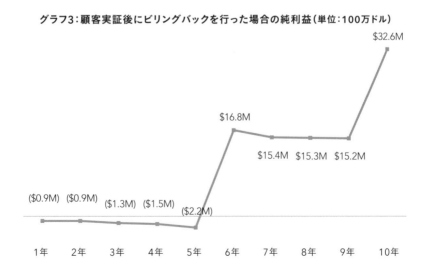

グラフ3：顧客実証後にビリングバックを行った場合の純利益（単位：100万ドル）

$32.6M

$16.8M

$15.4M　$15.3M　$15.2M

($0.9M)　($0.9M)　($1.3M)　($1.5M)

($2.2M)

1年　　2年　　3年　　4年　　5年　　6年　　7年　　8年　　9年　　10年

グラフ4：顧客実証後にビリングバックを行った場合の現金残高（単位：100万ドル）

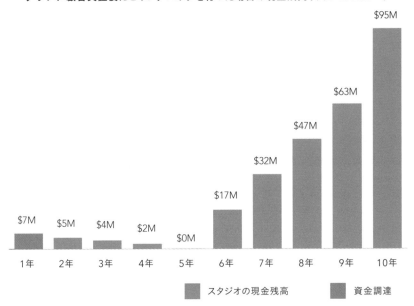

生する費用（つまり、プロダクトをつくるための外部人材の登用や広告・テストの費用）が極端に大きいため、法人化後のビリングバックのタイミングを顧客実証後にすれば、スタジオの資金状況にかなりの違いが生じる。

　では、さらに攻めのアプローチを見てみよう。それは、スタジオが法人化前のコストを請求する異例のケースだ。実費請求の場合、スタジオは5年間で500万ドルしか必要としない。累計額で見ると、基本ケースに対してなんと50パーセントもの節約になる。

　ビリングバックがスタジオにとって画期的な方法であることは明らかだ。私たちが示した攻めのアプローチは、ほとんどのスタジオでは実現しそうにないが（先ほど触れたように、法人化前にビリングバックするスタジオは非常に少ない。おそらく、起業家に売り込むのが難しいからだろう）、法人化後のビリングバックは現実的な選択肢になりうる。顧客実証後にビリングバックを開始すれば、スタジオの財務状況は大幅に改善する。もちろん、法人

化のタイミングは財務的な判断だけではない。すでに説明したように、コストの返済が法人化前と法人化後では、起業家の反応が違ってくる可能性がある。MVP開発後に法人化するスタジオは、コストの回収が難しくなるかもしれない。こうしたことから、新規のスタジオや比較的資金に余裕のないスタジオは、(1) 最悪でもある程度の費用が相殺できるので必ずビリングバックを検討し、(2) 出費のかさむMVP開発・テスト期間のコストを回収できるように顧客実証後の法人化を考えるべきだろう。

パートナー企業との共創開発に関する想定

パートナー企業との共創開発のメリット（Part 3bを参照）を踏まえ、スタジオにどれだけ増収効果があるかを理解したいと私たちは考えた。そのためには、四つの重要な前提条件が必要だ。

(1) **サービスに課せられるマージン**：取材したスタジオと同等の40パーセントに設定。

(2) **立ち上げ時のスタジオの出資比率**：業界の慣行に基づき、スタジオの持ち株量は社内発のアイデアの場合（30パーセント）と同等にした。

(3) **会社の立ち上げにスタジオが要した時間**：スタジオ社内発のアイデアの場合と同じ期間が必要と仮定した。共創開発のほうがクライアント管理に多くの時間を要するかもしれないが、クラ

イアント側の専門知識や技術により、チームに求められる時間の一部を短縮できると考えられる。最初の1年は、運営の確立やプロセス構築に費やされるため、スタジオがパートナー企業との協働を開始するのは2年目からと想定している。2年目に、スタジオはパートナー企業と共同で一つのアイデアを事業化する。この数は、スタジオの能力が向上し、顧客とのパイプラインが成長するため、5年目までに4件に増加する予定だ。

(4) **イグジットの内容**：単純化するため、パートナー企業との共創開発は、スタジオ社内発のアイデアで創業した場合と同様のイグジットを迎えるものとする。ただし、パートナー企業との共創開発のほうが、スタジオ社内発の創業よりも大きなばらつきがあると想定している。前述のように、成功すればパートナー企業が会社を買収することになるので、より大型で、より早いイグジットになる可能性がある。だが、共創開発の場合、パートナー企業が戦略的価値を重視しているので、生み出した共同創業によるジョイントベンチャーやスタートアップの業績が悪いと、スタジオ単独での創業（自社事業）の会社よりイグジットへの道筋は険しくなると考えられる。したがって、トータルで見れば、スタジオ単独での創業でもパートナー企業との共創開発でも、投資先の分布は似たようなものになると考えられる。

企業との共創開発による財務上の影響

　こうした前提をもとに、パートナー企業と共創開発に取り組むと、必要な現金は基本ケースの1,000万ドルから900万ドルに減り、17パーセントの節約となる。1年間に最大270万ドルしか消費しないことになる。現在、多くのスタジオがパートナー企業との共創開発とビリングバックの両方を二つの収益源として組み合わせている。顧客実証時に法人化後

のビリングバックを追加すると、スタジオに必要な現金は600万ドルに減少し、1年間に消費される現金は最大210万ドルとなる。共創開発とビリングバックを組み合わせると、基本ケースから現金支出を39パーセント削減できる。

　しかし、Part 3aで説明したように、パートナー企業との共創開発には多くのデメリットもある。このモデルにおける最大のデメリットは、共創開発にチームの時間や労力がとられることだ。次のグラフに示すように、共創開発にかかる時間を確保するために、2年目と3年目にスタジオのスピンアウトはゼロに近づく。このようなデメリットを考えると、チームの時間をすべて共創開発に割り当てるのは、コスト高になる可能性がある。

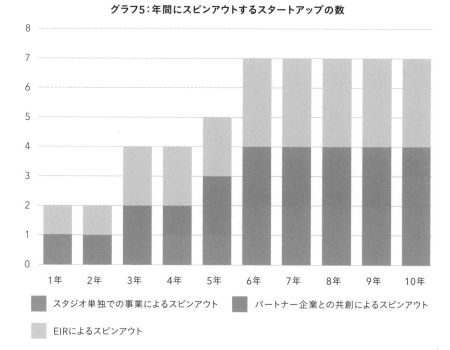

グラフ5：年間にスピンアウトするスタートアップの数

■ スタジオ単独での事業によるスピンアウト　　■ パートナー企業との共創によるスピンアウト

■ EIRによるスピンアウト

チームの時間とのトレードオフのほかに、パートナー企業との関係から生まれるイグジットの不確実性も課題だ。パートナー企業は資金とイグジットの道筋を保証してくれるのか、パートナー企業が買収に興味を示さない場合、投資したジョイントベンチャーのイグジットはどうなるのか。こうした問題は、まだ業界として理解に努めている段階であり、このグラフの数字には反映されていない。

　パートナー企業との共創開発は、収益や成長を生み出す魅力的な方法だが、不確実性もより高く、スタジオ内での創業と比べて魅力に劣るかもしれない。このことは、企業との共創開発がスタートアップスタジオの事業の一部にすぎず、100パーセントではない理由を示している。初期のスタジオにとって、企業との共同出資は先行的に収益を得る有効な方法だが、年数の経過とともに、自社内主導の創業へ移行し、共創開発から離れることをお勧めする。

資金調達

前提条件

　ファンドを募るメリットとトレードオフを理解するため、個別の投資ファンドを組み込む形にモデルを調整した。このモデルにおけるファンドの仕組みは、すでに説明した最も一般的なアプローチに沿ったものになっている。具体的には、モデルには次の要素が含まれている。

▢　想定されるスタジオの構造はデュアル・エンティティー。

▢　クローズドエンド型ファンドが四つあり、それぞれ投資期間は3年とする。取材した大半のスタジオは設立から数年後にファンドを募っていたが、ここでは単純化して、スタート時点でファンドを一つ運営すると仮定する。

▢　ファンド規模は、前述の業界平均レベルとする。最初のファンドは4,500万ドル、2番目は9,000万ドル、3番目と4番目は1億2,000万ドル。このファンド規模は、プレシードからシリーズBまでの各ラウンドで優先株の20パーセントに投資できることを意味する。

▢　管理報酬が発生するのはファンドの投資期間（それぞれ3年）のみ。

▢　優先株からのリターンはファンドのGP（ゼネラルパートナー）とLPに還元され、GPは20パーセントの成功報酬を受け取る。GPは、スタジオのパートナーと同一である可能性が高い。

▢　GPのリターンはパートナーが引き出すことも、スタジオに再投資することもできる。再投資する場合、パートナーは追加投資と引き換えに持ち株会社の株式を受け取る。そのため、GPのリターンは

スタジオの資金源にはなるが、収益源にはならない。このモデルで
は、特定の金額の現金が再投資されることは想定せず、100パーセ
ント再投資されるシナリオでスタジオの現金残高がどのように増加
するかを示している。

■ 2パーセントの管理報酬がスタジオの収益源となる。

■ スタジオは、収入という形で創業者株式からリターンを受け取る。

財務上の影響

　基本ケースと比較して、スタジオが4,500万ドル、9,000万ドル、1億
2,000万ドルのファンドを募った場合、イグジットが始まるまでの5年
間、収支は損益分岐点の付近にとどまる。単年度では、最大で年間150
万ドルの赤字となる（グラフ6）。管理報酬がスタジオの支出のほとんど
を相殺する役目を果たす。スタジオは6年目までの運営資金として、ス
タジオを運営する事業会社に必要な400万ドルを調達するだけでよい。
また、GPがリターンの再投資を選択した場合、イグジットが決まれば、
スタジオの現金残高は劇的に増加する（グラフ7）。

　ファンドのリターン特性は強力だ。11年目には、IRR17パーセント、
MoM5.6倍で完全にイグジットされる。だが、スタジオというアセット
クラスのパフォーマンスを評価する際には、ファンドとスタジオ事業会
社の組み合わせを見ることが重要だ。ファンドを持つことで、スタジオ
を運営する事業会社のIRRは37パーセント、MoMは24倍に達した。
IRRは約50パーセント増、MoMは3倍近くまで上昇した。ファンドを
持てば、スタジオ事業会社はさらに魅力的な投資先になる。ファンドの
管理報酬がスタジオの運営を助けるため、投資家は、同じレベルのリ
ターンを少ない投資で得られるようになるからだ。

　スタジオのキャッシュフロー特性は、早期のイグジットを想定すると

グラフ6：資金調達後の純利益（単位：100万ドル）

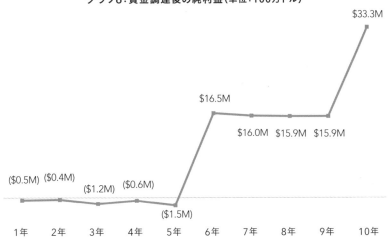

($0.5M)	($0.4M)	($1.2M)	($0.6M)	($1.5M)	$16.5M	$16.0M	$15.9M	$15.9M	$33.3M

1年　2年　3年　4年　5年　6年　7年　8年　9年　10年

グラフ7：資金調達後のスタジオの現金残高（単位：100万ドル）

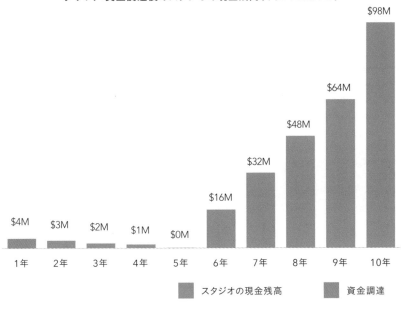

$4M　$3M　$2M　$1M　$0M　$16M　$32M　$48M　$64M　$98M

1年　2年　3年　4年　5年　6年　7年　8年　9年　10年

■ スタジオの現金残高　　■ 資金調達

さらに向上する。早期イグジットが1件あると、スタジオ事業会社は6年間で合計2,400万ドルの調達ですみ、ファンドの全実現収益はMoM5.2倍、IRR18パーセントとなる。また、事業会社のIRRは50パーセント、MoMは57倍になる。

　このように、資金調達は、スタジオにとって管理報酬による収益源が生まれるだけでなく、GPにとっても割安な追加投資から高いリターンを得ることができるというメリットがある。それを考えると、ほとんどのスタジオが投資ファンドを設立しようとしているのも当然のことだろう。

出資比率

　スタジオモデルの経済的成功には、スタジオの初期出資比率が高いことが重要要件になるため、株式比率と希薄化がきわめて重要な変数となる。ここからは、さまざまな希薄化のシナリオがスタジオのリターンにどのような影響を与えるかを探る。以下の分析は、個別のファンドを持たない基本ケースのスタジオのものだ。

希薄化の影響度

　希薄化の影響を分析するため、このモデルにはシリーズDまでの各ラウンドの資本政策表（キャップテーブル）が用意されている。ラウンドの想定は次に示す通りだ。スタジオの出資比率は最初の資金提供時に30パーセントでスタートしても、イグジット時に8パーセント以下まで希薄化される可能性がある。シリーズBまでのポストマネーバリュエーション（ポストバリュー）［訳注＊資金調達後の企業価値］とラウンド規模は、ウィングVCが公開している業界データ（Wagner, 2015）に準じた。シリーズCとDについては、Yコンビネーター(YC)が示唆するように総企業価

	スタジオ持ち分 （%）	TEV （100万ドル）	調達額 （100万ドル）
シード前	30%		
シード	19%	$10	$2
シリーズA	15%	$50	$10
シリーズB	12%	$150	$30
シリーズC	9%	$250	$50
シリーズD	8%	$750	$150

値（TEV）の20パーセントとした（Y Combinator, 2021）。「ホットな」資金調達市場と比較すると、ここでの評価額の想定は保守的といえる。

　希薄化に対するこのモデルの影響をわかりやすく示すため、評価額を一定に保ちながら、各ラウンドの規模を10パーセントずつ大きくしていこう。すると、シリーズDまでに70万株が追加発行されることにより、各イグジットでのスタジオへのリターンは、基本ケースでは2,200万ドルだったが、1,900万ドルに下がる。これにより、10年目には現金残高が1,500万ドル目減りし、17パーセント減少する。ラウンド規模を20パーセント増にすると、各イグジットはさらに1,600万ドルに減少し、10年目までにスタジオの現金残高が基本ケースより2,800万ドル少なくなり、31パーセントも減少する。スタジオの出資比率は、リターンの重要な要因であり、スタジオがファンドを組成する理由でもある。

　最終的に、スタジオの数が増え、トップクラスのEIRや創業者の争奪

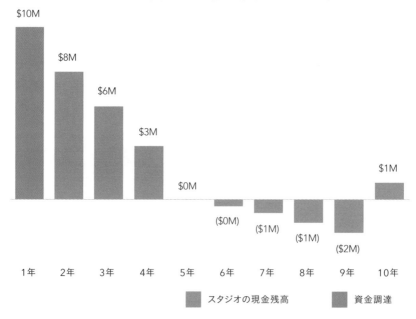

グラフ8：最低持ち分での現金残高（単位：100万ドル）

戦が激化すると、スタジオは業界平均を基準に、競争力のある株式比率を決断する必要も出てくるだろう。これは、新規参入組やブランド力のないスタジオにとって特に重要なことだ。競争激化により、スタジオの出資比率は低下すると予想される。しかし、スタジオの経済モデルが成り立つには、10パーセント前後の所有割合が必要になるだろう。ファンドを持たないスタジオの損益分岐点は8パーセントだ。8パーセントでファンドを持たなければ、スタジオの所有権はシリーズDまでに1パーセントに希薄化される。つまり、一つのイグジットでスタジオに入る収益は360万ドルにとどまる。前ページのグラフ8に示すように、これはスタジオの継続的な費用をちょうど賄えるラインだ。このように、創業者持ち分が10パーセントの場合、運営資金としては足りるかもしれないが、投資家にリターンを生み出すことはできないだろう。そのため、このモデルは持続不可能といえる。

　それでも、トップクラスのスタジオや、「格下」の創業者を対象にするスタジオは、業界平均を上回る出資比率を維持できる可能性が高く、10パーセントを超えることは間違いない。

イグジットの成果

　スタジオのイグジットは、「いつ（タイミング）」「いくらで（金額）」行われるかという二つの要因に大きく影響される。

イグジットのタイミング

　リターンを左右する重要な要素の一つが、イグジットのタイミングだ。これは、会社ごとにかなりのばらつきがある。リーダーたちへの取材では、1社のイグジットに4〜10年を見込んでいた。全米ベンチャーキャピタル協会の2021年の年報によれば、従来のVC投資による2020年のイグジットの平均期間は6.3年だった（NVCA Yearbook, 2021）。スタジオの初期の資金調達データでは、従来のスタートアップよりも速くラウンドをこなせることが示されていることから、スタジオが立ち上げた会社のほうが早くイグジットできると考えるのが妥当だ。ここでは保守的に、イグジットまでの平均期間を6年と考えている。だが、スタジオによっては、イグジットまでにもっと時間をかける場合もあるので、時間軸を長めの8年にして基本ケースを調整した。その場合のスタジオの純利益とキャッシュフローの推移をグラフ9と10に示す。イグジットまでの平均期間が2年延びただけで、スタジオのキャッシュフロー・バランスに著しい影響があることがわかる。10年目の最終的な現金残高は、基本ケースの9,000万ドルから4,600万ドルへと減少する。さらに、イグジットが実現するまでのプラス2年の運営資金として、基本ケースより800万ドル増の1,800万ドルを調達しなければならない。

　スタジオの会社がイグジットまでにかかる時間は、スタジオのリターンに大きく影響する重要な要素だ。そのため、スタジオは、イグジット

のタイミングをある程度コントロールする。特に早期のイグジット（つまり、立ち上げ後6年ではなく3年）があれば、流動性がもたらされ、必要な

グラフ9：イグジットが遅れた場合の純利益（単位：100万ドル）

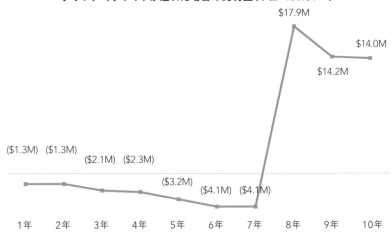

$17.9M

$14.0M

$14.2M

($1.3M)　($1.3M)

($2.1M)　($2.3M)

($3.2M)

($4.1M)　($4.1M)

| 1年 | 2年 | 3年 | 4年 | 5年 | 6年 | 7年 | 8年 | 9年 | 10年 |

グラフ10：イグジットが遅れた場合の現金残高（単位：100万ドル）

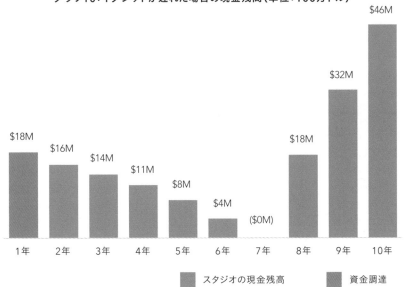

$46M

$32M

$18M

$18M

$16M

$14M

$11M

$8M

$4M

($0M)

| 1年 | 2年 | 3年 | 4年 | 5年 | 6年 | 7年 | 8年 | 9年 | 10年 |

■ スタジオの現金残高　　　■ 資金調達

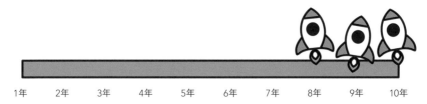

イグジットが遅れた場合のタイムスケジュール

| 1年 | 2年 | 3年 | 4年 | 5年 | 6年 | 7年 | 8年 | 9年 | 10年 |

先行投資が減るので、スタジオにとって大きなメリットになる可能性がある。そこで、4年後に7,500万ドルの早期イグジットが1社あったと仮定し、基本ケースを調整した。この場合、スタジオが、(1) やや業績の劣る1社を売却し、(2) 価格をコントロールできずに売買する可能性があるため、通常のシリーズBで得られる企業価値評価より低くなっている。この場合のスタジオの純利益とキャッシュフロー状況を次のグラフ11と12に示す。

　早期イグジットにより、4年目にスタジオの利益（現金）は約900万ド

グラフ11：早期イグジットがあった場合の純利益（100万ドル）

$31.5M

$31.4M　$31.4M

$15.7M

$6.4M

($1.3M)　($1.3M)

($2.1M)

($3.2M)

($4.1M)

| 1年 | 2年 | 3年 | 4年 | 5年 | 6年 | 7年 | 8年 | 9年 | 10年 |

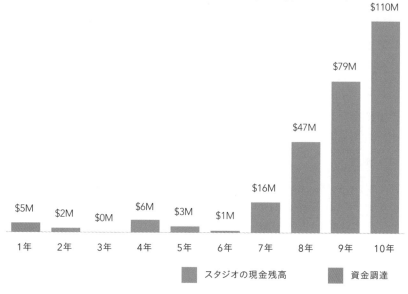

グラフ12：早期イグジットがあった場合の現金残高（100万ドル）

$110M

$79M

$47M

$16M

$5M $2M $0M $6M $3M $1M

| 1年 | 2年 | 3年 | 4年 | 5年 | 6年 | 7年 | 8年 | 9年 | 10年 |

■ スタジオの現金残高　　■ 資金調達

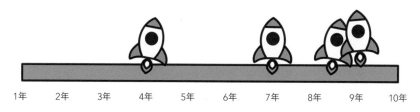

早期イグジットがあった場合のタイムスケジュール

| 1年 | 2年 | 3年 | 4年 | 5年 | 6年 | 7年 | 8年 | 9年 | 10年 |

ル増加する。そのため、スタジオは約500万ドルの資金調達で5年目までの運営を維持できる（グラフ12）。そして、7,500万ドルのイグジットは、スタジオの5年目の運営資金に充てられる。6年目には再び資金調達が必要になるが、100万ドルという少額だ。これは、基本ケースと比較して資金調達額が45パーセント減となるほか、次のような理由から、より簡単な流れで資金調達を可能にする。まず、基本ケースでは、スタジオは歴史的な成功もないまま、多額の資金を調達する必要がある。これ

に対し、早期イグジットが1社あれば、最初に総資金の半分だけを調達し、評判を確立してから残りを調達できる。次に、基本ケースでは、スタジオは最初のイグジットまで毎年赤字を出し続けるため、リーダーは常に現金残高と翌年の資金が十分にあるかを考えなければならない。早期イグジットがあれは、現金を使い果たす心配が減り、4年目にある程度の余裕をもたせてくれる。つまり、早期イグジットは、スタジオが将来のより大きなリターンを犠牲にして短期的な運営資金を確保することを意味する。

早期イグジットが2社の場合のタイムスケジュール

| 1年 | 2年 | 3年 | 4年 | 5年 | 6年 | 7年 | 8年 | 9年 | 10年 |

さらに深く掘り下げ、2社が早期イグジットを果たしたと仮定すると、キャッシュフローはわずかに低下する。早期イグジットが1社増えるごとに約900万ドルの現金が入るため、スタジオは最初に500万ドルを調達するだけでいい（100万ドルの追加調達もしない）。だが、10年目には、スタジオの現金残高は1,000万ドル以上減少することになる（グラフ14）。2社目を早期イグジットすると儲けのチャンスを逃がすことになり、スタジオの魅力がいくぶん低下する。

　早期イグジットは、スタジオの資金流出の課題を緩和するのに効果的だ。スタジオのリーダーは、投資先企業のIPOや買収がいつになるのかを保証することはできないが、他のVCへの株式売却（セカンダリーセールス）による早期イグジットを確保することは可能だ。株式売却にはこうしたメリットがあるのだが、取材したスタジオの多くは、本格的なイ

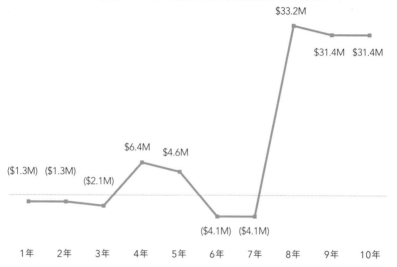

グラフ13：早期イグジットが2社の場合の純利益（単位：100万ドル）

$33.2M

$31.4M $31.4M

$6.4M $4.6M

($1.3M) ($1.3M)

($2.1M)

($4.1M) ($4.1M)

1年　2年　3年　4年　5年　6年　7年　8年　9年　10年

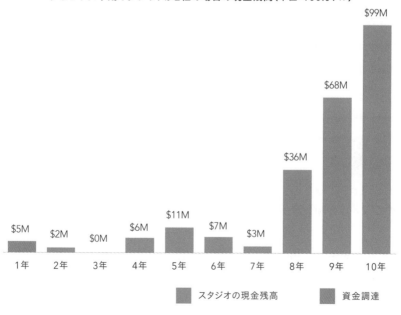

グラフ14：早期イグジットが2社の場合の現金残高（単位：100万ドル）

$99M

$68M

$36M

$5M　$2M　$0M　$6M　$11M　$7M　$3M

1年　2年　3年　4年　5年　6年　7年　8年　9年　10年

■ スタジオの現金残高　　　■ 資金調達

グジット（M&AやIPO）まで株式を保有しているほうがいいと考えており、私たちにとっては驚きだった。株式売却を避ける理由としては、「取れるはずの利益を逃がす」「安値で貴重な株式を手放して他のVCが利益を得るのを許してしまう」との声がある。その結果、取材したスタジオの大半は、まだイグジットを経験していなかった。株式売却ではイグジットが小さくなるのは事実だが、前述のように、設立初期のスタジオにとっては、イグジットまでの期間を短くすることで資金調達の必要性を軽減するのに非常に有効な方法といえる。

さらに、株式売却による「小さなイグジット」でも、スタジオは非常に安価で創業者株式を取得しているので、大きなリターンとなる。早期イグジットは、コスト実質ゼロで、スタジオに900万ドルのリターンを生み出す。早期イグジットの事例として、取材したあるスタジオは10年で5社のイグジットを実現しており、それらはすべて株式売却によるものだ。ちなみに、次にイグジットが多かったのは、14年で5社を達成したスタジオで、イグジットまでの平均期間は8年だった。最後に、起業があまり盛んでない地域では、早期イグジットが起業エコシステムの成長を加速させ、成功したCEOのネットワークを迅速に構築する助けになることもある。それらはすべて将来の創業に活用できる（Szigeti, 2019）。新規に設立されたスタジオは、後の資金調達を容易にするためにも、早い段階で株式売却を実施し、成功を積み重ねていくことを検討すべきだろう。

イグジットの分布

スタジオモデルの一つの強みは、投資先企業が強力なイグジットを達成できることだ。取材したスタジオの大半はまだ若いため、業界にはイグジット時の企業価値に関する十分なデータがそろっていない。だが、いくつかのスタジオは、5,000万ドル前後のイグジットを予想し、投資

先の数社は10億ドル以上に達すると楽観視していた。公表されている
スタジオのイグジットに関するデータでは、価格はおおむね10億ドル
に達していない。たとえば、ギルトグループ（Gilt Groupe）は2億5,000
万ドル、ビジネスインサイダー（Business Insider）は5億ドルで売却され、
ダイアローグ（Dialogue）は7億7,900万ドルで株式公開した。

　スノーフレイク（Snowflake）（評価額330億ドル）のようなサクセスストー
リーがよく知られているが、こうしたケースは異例と考えている。グ
ローバル・スタートアップスタジオ・ネットワーク（GSSN）のデータか
ら、ベスト・イン・クラスのスタジオは4パーセント以上の割合でユニ
コーンを生み出せていることがわかる（The Rise of Startup Studios, 2020）。ア
イデアラボ（Idealab）の場合、立ち上げた会社の5パーセントがユニコー
ンになっている（Disrupting the Venture Landscape, 2020）。基本ケースでは、立
ち上げた会社の30パーセントがイグジットに成功するケースをモデル
化した（「イグジットの可能性」のセクションを参照）。イグジットは、40パーセ

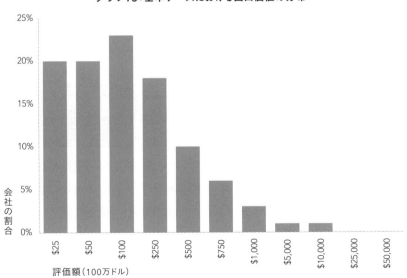

グラフ15：基本ケースにおける出口価値の分布

会社の割合

評価額（100万ドル）

グラフ16：基本ケースにおけるリターン構成

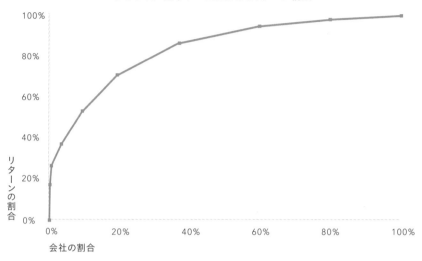

ントが5,000万ドル未満に、4パーセントが10億ドル以上に分布している。全体では、20パーセントの会社がリターンの約70パーセント以上を生み出している。100社のスタートアップ企業からなるポートフォリオでは、30社がイグジットを達成し、その30社のうちの1社がユニコーンになる。

　このような分布には聞き覚えがあるかもしれない。ベンチャーキャピタル（VC）では「べき乗則」と呼ばれるもので、リターンの大部分が投資のごく一部からもたらされることをいう。アーリーステージのスタートアップへの投資はハイリスクであるため、VCは両極端の会社を見ることになる。ごく少数の会社は大成功を収め、残りの大部分は業績不振に終わることが多い。そのため、VCは数合わせゲームに終始し、わずかな会社が資金を生み出すデカコーン［訳注＊時価総額100億ドル以上の巨大未上場企業］になるように最大の投資をしようとする。スタジオも同じようなステージのベンチャーを相手にしているため、私たちは「べき乗則」が当てはまるのが当然と考えた。その結果、先ほどの基本ケースで見たよ

うに、スタジオは総額2,200万ドルを消費し、各イグジットで創業者持ち分による税引き前リターン2,200万ドルと年間利益1,400万ドルを得る。基本ケースでは、10年目に配当が支払われると仮定すると（ファンドなし）、スタジオの事業会社はMoM9倍、IRR24パーセントのリターンを得る。だが、スタジオモデルにおけるイグジットの重要性を考え、ここではさまざまなタイプの結果を想定したいと考えた。

まず、イグジットの成果がより楽観的な分布であった場合、モデルにどのような影響があるかを考えた。スタジオと話をすると、ユニコーンに到達する会社を持つことが「目標（北極星）」だという声が多かった。それを踏まえると、100社からなるポートフォリオを抱えて1、2社しかユニコーンに到達しないのでは、少し少ないかもしれない。そこで私たちは、その3倍の会社がユニコーンに到達し、25パーセントのみが評価額5,000万ドル未満でイグジットするという楽観的なケースを構築した。このケースのイグジットの平均額は5億7,500万ドルで、控えめなケースの約2倍になる。スタジオの収入とキャッシュフローをグラフ17と18に示す。イグジットの状況が関係してくるのは6年目になってからなので、スタジオが調達しなければならない資金は1,000万ドル（基本ケースと同じ）のまま変わらない。

ところが、イグジットが出始める6年目以降、現金が激的に増加する。この楽観的な仮定では、スタジオの現金は10年目までに1億9,900万ドルに積み上がる。基本ケースを1億ドル近く上回る額だ。そしてスタジオは、年に3,200万〜6,800万ドルの利益を出し始める。このレベルのイグジットを達成できるスタジオは、持続可能性が高いだけでなく、投資家にとっての魅力もはるかに大きい。事業会社は、MoM19倍、IRR34パーセントになる。これなら投資家に配当を支払う余裕が生まれ、同時に、ベンチャー立ち上げの事業も成長させることができる。こうしたイグジットを実現するのは、業界をリードする一部のスタジオではないだろうか。

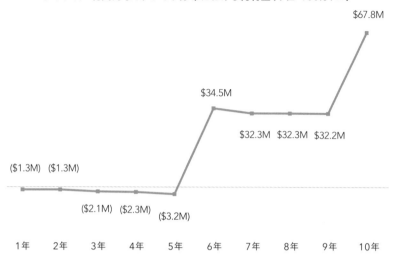

グラフ17：現実的なイグジット分布における純利益（単位：100万ドル）

$67.8M

$34.5M

$32.3M $32.3M $32.2M

($1.3M) ($1.3M)

($2.1M) ($2.3M)

($3.2M)

1年　2年　3年　4年　5年　6年　7年　8年　9年　10年

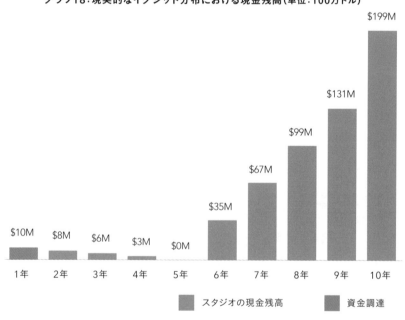

グラフ18：現実的なイグジット分布における現金残高（単位：100万ドル）

$199M

$131M

$99M

$67M

$35M

$10M $8M $6M $3M $0M

1年　2年　3年　4年　5年　6年　7年　8年　9年　10年

　スタジオの現金残高　　　　資金調達

では最後に、スタジオのリターン状況が異なる場合はどうなるだろうか。スタジオの基本的な考え方の一つは、よりリスクが少なく、安定した実績を上げる会社を生み出すことだ。その結果、立ち上げた会社からのリターンも均一的になる可能性がある。べき乗則が働かなければ、リターンの平均額は低くなるが、高額と低額の部分はなくなるだろう。スタジオがこのレベルの堅実性を実現できるかどうかはまだわからないが、私たちは、このケースでもスタートアップスタジオのモデルが成立するかを考えた。そこで、イグジットがより均等な分布になる場合を分析した（グラフ19、20）。このケースでは、30パーセントの会社が5,000万ドル未満、35パーセントが1億ドル、残りの35パーセントが2億5,000万ドルでイグジットすると仮定した。イグジットの平均額は現実的なケースの約半額の1億3,800万ドルとなる。イグジット時の評価額が下がるため、10年目までにスタジオに蓄積される現金は大幅に減る。基本ケースは9,000万ドルだが、このケースでは3,700万ドルにしかならない。だが、スタジオを運営するのに十分な利益があり、年間利益が500万〜1,400万ドルになる場合、イグジットは十分足りる。べき乗則がな

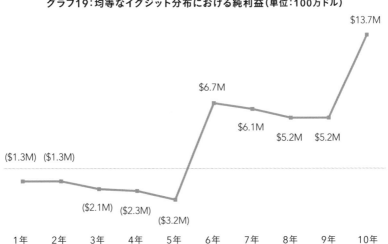

グラフ19：均等なイグジット分布における純利益（単位：100万ドル）

$13.7M

$6.7M

$6.1M

$5.2M　$5.2M

($1.3M)　($1.3M)

($2.1M)　($2.3M)

($3.2M)

1年　2年　3年　4年　5年　6年　7年　8年　9年　10年

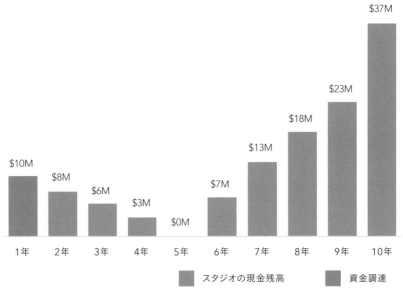

グラフ20：均等なイグジット分布における現金残高（単位：100万ドル）

$37M

$23M

$18M

$13M

$10M

$8M

$7M

$6M

$3M

$0M

| 1年 | 2年 | 3年 | 4年 | 5年 | 6年 | 7年 | 8年 | 9年 | 10年 |

■ スタジオの現金残高　　　■ 資金調達

くてもやはり、スタジオは財務的に成り立つと考えられる。

　スタジオは、イグジットのタイミングと同じく、イグジットの分布も
コントロールできない。多くの場合、評価の条件は売り手によって設定
され、市場の力学で決まる。とはいえ、スタジオのリーダーは、イグ
ジットでの評価額がスタジオの現金ニーズや投資家への魅力にどう影響
するかを知っておく必要がある。

イグジットの可能性

　分布の最後の側面は、イグジットの成功の可能性だ。Part 2のプロセ
スの部分でも触れているが、スタジオモデルの魅力の一つは、従来のス
タートアップよりも立ち上げた会社が成功する可能性が高いことだ。
GSSNによれば、スタジオ発の会社の60パーセントがシリーズAに到
達している。同レポートでは、元祖スタートアップスタジオの1社であ

るアイデアラボで、35パーセントの会社がIPOか買収でイグジットしていることを紹介している（Disrupting the Venture Landscape, 2020）。そのため、スタジオモデルでは、立ち上げた会社の60パーセントがシリーズAに到達し、約30パーセントがイグジットに成功すると仮定している。このモデルでは、シリーズD後のイグジットを成功と定義し、その額は前出の控えめなケースと同じ2億8,000万ドルにしている。

「ベスト・イン・クラス」ケース

　私たちは、こうしたレバーをすべて考慮したうえで、これまで説明したベストプラクティス（最善の方法）を結集したスタートアップスタジオを表す「ベスト・イン・クラス」のケースを構築したいと考えた。「ベスト・イン・クラス」ケースは、次のことを想定している。

■ 収益確保

　長期的なキャッシュフローのギャップを防ぐため、スタジオは一般的な二つの方法で収益を上げる。まず、スピンアウトした会社に法人化後（法人化は顧客実証後）に発生したすべての費用を請求する。次に、スタジオは企業との共創開発に取り組み、収益を上げる。

■ 資金調達

　スタジオは、デュアル・エンティティーでクローズドエンド型ファンドを持つ。オープンエンド型ファンドに抵抗のないLPの確保が難しいため、ほとんどのスタジオは今後もクローズドエンド型ファンドを選択すると考えられる。ファンドとスタジオの関係が複雑にならないように、ここではデュアル・エンティティーを選択する。ファンドはシリーズBを通じて、スピンアウトした会社が実施する追加投資ラウンドの20パーセントに出資し、管理報酬2パーセント、キャリー20パーセントを得る。ファンドからの資金調達は一般的になってきているので、スタジオ設立時からファンドを持っているものとする。

■ イグジットの成果

　スタジオの上層部は、会社を立ち上げ後4年目に、1社を7,500万ドル

で早期イグジットすることを決定する。さらに、現実的なイグジットの分布を想定する。この分布はべき乗則に従い、イグジットの平均額は5億7,500万ドルになる。

こうした前提でグラフ21と22を見ると、スタジオは6年目まで黒字に非常に近いラインにあることがわかる。全体を通して、最初の年に20万ドルを調達するだけでいい。ビリングバックと共創開発という収益源があるため、1社を早期イグジットさせれば、6年目までの運営を支えるには十分だ。7年目には、残りの会社のイグジットも始まり、10年目には現金残高が2億5,500万ドルにまで膨れ上がる。

必要な資本量が少ないので、スタジオには金銭的な余力が十分にある。利益がすべて理論的に分配されるとすると、IRRは100パーセント、MoMは1,000倍を超える。スタジオを運営する事業会社から配当金を支払い、投資家資本を返還しながら、将来にわたって運営するための十分な資金を維持することができる。

ファンドから見ると、四つのファンドは4,500万、8,900万、1億1,700

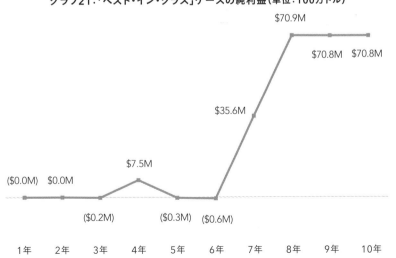

グラフ21:「ベスト・イン・クラス」ケースの純利益（単位：100万ドル）

$70.9M
$70.8M $70.8M
$35.6M
$7.5M
($0.0M) $0.0M
($0.2M)
($0.3M)
($0.6M)

1年　2年　3年　4年　5年　6年　7年　8年　9年　10年

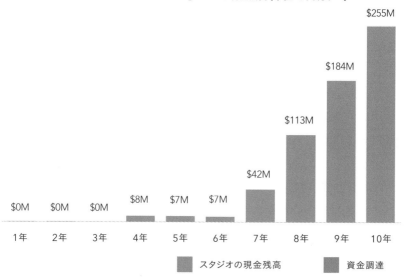

万、1億1,700万ドルで、投資期間はそれぞれ3年。リターンは、10年目までに9,100万ドルの現金を追加でスタジオにもたらす。ファンドは10年目にMoM10倍、総実現IRR26パーセントで完全にイグジット（投資回収）される。またファンドのゼネラルパートナー（GP）は、10年目までに総リターン2,800万ドルを得る。この「ベスト・イン・クラス」のスタジオの利益は、トップクラスのVCに匹敵する。

　これは基本ケースとはまったく異なる結果だ。前述のレバーは、スタジオの利益向上に大いに効果を発揮する。本書では、基本ケースの魅力的な財務モデルからスタートしたが、「ベスト・イン・クラス」のケースは、投資家とスタジオのパートナー（ファンドのGP）のどちらにとっても、さらに魅力が増す。

　もちろん、このモデルはいくつかの前提に立ったもので、企業との共同出資など、特定の分野については予測通りにいかないリスクもある。その他の前提条件についても、以下で簡単に説明しよう。

その他の前提条件

■ 資金調達の時期

スタートアップスタジオが直面するキャッシュフローの問題を考えると、資金調達に要する時間は、財務の持続可能性を左右する重要なレバーとなる。

スタジオの価値の一つは、事前のテストやさまざまな取り組みによって成功率が上がるだけでなく、イグジットまでの時間が短縮されることにある。GSSN によれば、ゼロからシードまでの期間は、従来のスタートアップが 36 カ月なのに対して、スタジオは 11 カ月だった。また、シードからシリーズ A までは、従来のスタートアップは 20 カ月だが、スタジオは 14.5 カ月だった（Disrupting the Venture Landscape, 2020）。スタジオ出身の会社のほうがより早く追加の資金を調達し、株式売却でイグジットを実現するか、理論的には上場もできる。モデルのテンプレートには、イグジットまでにかかる期間はもちろん、各資金調達ラウンドにかかる時間についても前提条件を含んでいる。ここでは、すべての会社が同じスケジュールで資金調達とイグジットを行うと仮定しているが、実際にはばらつきがあるだろう。

■ アイデアの源

スタジオは、Part 3 で取り上げた主に三つの方法でアイデアを生み出すことが多い。それは、(1) 制度化された創業者プログラム、(2) 正社員または契約社員の雇用、(3) 検証済み事業案に起業家をアサイン、の三つだ。

単純化のため、私たちのモデルではアイデアの源として客員起業家

（EIR）を活用するかどうかを選べるようにしている。EIRに関して重要な鍵となるのは、現金報酬の有無、起業成功者の人数、アイデアの立ち上げにかかる期間だ。一つ目のレバーである「現金報酬」については、すでに詳細に説明した。二つ目の「起業成功者の人数」は、スタジオによって大きな差があった。あるスタジオは3カ月のプログラムでEIR50人中3人が成功したと語っていた。また、別のスタジオは、200人のEIRから1〜4人を選び、全員を起業に導くという。スタジオのプログラムの期間は平均3〜6カ月が多い。

　また、私たちは、EIR主導のアイデアにかかる費用を柔軟に変えられるようにした。EIRは自らのアイデアに取り組んでいる間、スタジオから給与をもらうが、その間、スタジオ主導のアイデア創出の費用は発生せず、顧客実証とMVP開発にのみコストが一部発生すると仮定している。これらのコストには、エンジニアリングやフェイスブック広告などの支払いが含まれる場合もある。

　三つの方法にはそれぞれ資金面でのトレードオフはあるものの、明確な優劣はない。もっぱらスタジオの理念と、正確に入力された前提条件に左右される。そのため、本書ではモデルのアウトプットは示さないが、スタジオのリーダー自身でさまざまな前提条件を試してみることをお勧めする。

■ チームの制約

　起業家主導のアイデアであっても、そのプロセスを推進するにはリソースが必要だ。社内で創出したアイデアの場合、チームのメンバーが顧客実証とプロトタイピングに取り組む必要がある。チームメンバーが1人で管理できるアイデアの数をスタジオ創業者が把握しておくことはきわめて重要だ。取材によると、アイデアを担当するメンバー1人につき1〜3件が一般的だった。

■ プロセス

　プロセスには全体で12カ月かかり、その後、スタジオから会社をスピンアウトさせると仮定する。前述のように、スピンアウトまでの期間はスタジオごとに大きく異なり、6〜18カ月と幅があった。単純化のため、モデルの仕組み上、12カ月を中央値とした。

　最後に、ファネルを通過するアイデアの効率は重要なレバーであり、このモデルでさまざまなパターンを試してみることができる。この部分を変えた場合の詳細な仕組みや影響については、Part 3を参照してほしい。

まとめ

本書の執筆に当たり私たちは、スタートアップスタジオに関する多くの重要な疑問に答えることを目指した。以下に、そうした疑問に対する私たちの答えをまとめた。

スタートアップスタジオを設計し、運営するための最良の方法は？

私たちは、リーダーがスタジオを設計・運営する最適な方法を決めるための重要な手段と意思決定ポイントを見つけ出した。その中には、収益確保の仕組みや、ファンドの構造、客員起業家（EIR）プログラム、創業者とスタジオの出資比率などが含まれる。だが、結局のところ、そうした手段や決定にはメリットとデメリットがあり、どの選択肢が自分たちの専門分野や目標に最も適しているかを、各スタジオが判断する必要がある。スタジオのリーダーは、これらの判断材料や選択肢を検討するため、Part3の冒頭に示した比較表を参考にすることをお勧めする。

どのようにしてスタートアップスタジオは財務的に成り立っているのか？

スタジオがビジネスとして成り立つための必要最低限のパフォーマンスを理解するため、私たちはさまざまなパフォーマンスの結果をモデル化した。保守的な出口価値の見積もりでは、スタジオは継続的なコストを賄うために、立ち上げたスタートアップの最低10パーセントの株式が必要になる。これに相当する評価額の「下限」は約6,000万ドルだ。立ち上げた会社が平均6,000万ドルでイグジットするなら、スタジオは永久に損益が均衡する。

私たちが最終的に知りたかったのは、「スタートアップスタジオは、この分野への参入を望んでいる人にとって魅力的なアセットクラスなのか？」。その答えはどうやら、「人によってはイエス」となるようだ。

スタートアップスタジオは業界全体として どの程度成功しているのか？

　私たちの調査によると、スタートアップスタジオのアセットクラス全体の成功はまだ見通せないが、成功した業績のいいスタジオについては広く認知され、利益も上げているようだ。ハイアルファ、アトミック、ファウンダーズなどのスタジオは、多額の追加資金調達ができていて、リミテッドパートナー(LP)に成功を証明している。そして、これまで多くのスタジオが、評価額5億ドル超のスタートアップを生み出している。高い未実現利益の報告や広く知られているイグジット（ヒムズ〈Hims〉、スノーフレイク、モンゴDB〈MongoDB〉）は、スタジオのアセットクラスがVCと比較して桁外れの利益を生み出せることを証明している。だが、スタジオの実績に関する広範なデータは依然として限られている。

　私たちは、ある一つのスタジオの成功がどのようなものになるかを理解するために、パフォーマンスに関するさまざまなシナリオをモデル化した。出口価値の平均5億7,500万ドル（3パーセントがユニコーンに到達）、ビリングバックと企業との共創開発による収益の支えがある「ベスト・イン・クラス」のシナリオでは、スタジオのIRR(スタジオを運営する事業会社のみ)は100パーセント、MoMは1,000倍以上になる。投資ファンドについては、13年目に完全にイグジットされるファンドのIRRは26パーセント、MoMは10倍だ。ちなみに、2010〜2016年のVCファンドの平均IRRは21.9パーセントで、上位4分の1では25.6パーセントだった(Cambridge Associates, 2019)。また、同期間のS&P指数［訳注＊格付け会社S&Pダウ・ジョーンズ・インデックスが発表している米国で最も代表的な株価指数］は12.2パーセントだった。このように、スタジオのファンド単独でもVCに匹敵し、投資家はスタートアップスタジオを経営する事業会社で追加的なリターンも期待できる。もちろん、私たちのモデルには多くの前提条件があり、ここでは、ファンドの規模、出資比率、イグジットまでの期間

によってリターンがどのように変わるかにスポットを当てている。いずれにしても、スタジオを運営する事業会社のリターンとファンドのリターンを合わせると、スタジオはVCよりもかなり高いリターンのアセットクラスになりうることがわかる。

　また、スタートアップスタジオのパフォーマンスに加えて、どれだけのスタジオが挑戦し、失敗しているのかも検証したいと考えた。スタジオの生存率に関する最も優れた推定は、エンハンス・ベンチャーズから得られた。同社の創業パートナーであるアルパー・セレン氏は、700社以上のスタートアップスタジオを調査し、過去2年間に18のスタジオが閉鎖したと指摘している。ここから計算すると、スタジオの年間倒産率は1.3パーセントとなる。だが、セレン氏は、この数字はおそらく過小評価だろうと指摘する。多くのスタジオはまだ失敗するには若すぎ、大部分は今も運営は可能ながら、投資家に持続可能なリターンを提供していない可能性があるためだ。残念ながら、スタートアップスタジオの平均寿命に関するデータは限られている。また、スタジオに関して入手できるデータは「生存者バイアス」が大きくなる傾向にある。失敗したスタジオについてはデータが限られるため、スタジオのパフォーマンスに関する公的な報告書の多くは、アセットクラス全体の実際のパフォーマンスよりもよく見える可能性が高いということになる。

ステークホルダーにとっての意味

　ここまで、かなりの量の情報を取り上げてきた。そこで本書の締めくくりとして、ここからは細部の事柄から離れ、スタジオモデルはどこに向かうのか、主要なステークホルダーである投資家、スタジオ設立者、起業家それぞれにとってどのような意味を持つのかについて、私たちの考えを示したいと思う。

投資家にとって

　スタートアップスタジオは、スタートアップのエコシステムに参加しながらポートフォリオを多様化できる興味深い方法だ。スタジオの経済モデルは、投資家が参加するのがスタジオを運営する事業会社であれファンドであれ、資金が十分にあり高い持ち分を維持できれば、大きな利益が見込めることを証明している。また、最大のセールスポイントであるスタートアップ創出のリスク低減や、非スタジオ系のスタートアップと比べて初期ベンチャーの立ち上げや規模拡大までの期間短縮に成功しているように見える。ただし、少数の突出した勝者がファンド全体の利益を上げるVCと比べて、スタジオがより安定的な利益を生み出せるかどうかはまだわからない。ダイアグラムベンチャーズのフランソワ・ラフォーチュン氏は、自身のスタジオについてこの件で質問を受け、次のように答えている。

　「うちで最高のパフォーマンスを発揮する投資先スタートアップは、ファンドに桁外れのリターンを生むでしょう。けれども、今より『打率』をもっと上げて、ポートフォリオ全体の分布がもっと改

善されれば（ゼロが減れば）、怪物クラスの勝者への依存度も下がる。そうなれば、私たちとパートナーを組む投資家と創業者の双方にとって、リスク調整後のリターンの向上につながると考えています」

——フランソワ・ラフォーチュン（ダイアグラムベンチャーズCEO）

　最初に多額の資金を調達できたスタジオは、より多くの賭けに出る余裕もあった。それは、おそらく他の新興スタジオにはない特権であり、成功の確率を高めるものだ。

　もし、ベンチャー市場が広く健全なら、既存のスタートアップスタジオに投資する従来型のLPが増え、スタジオへの投資は速いペースで進んでいくと予想される。一方、リスク回避型の投資家は、関連するスタジオの投資ファンドに資金を投入するか、新しいスタジオが最初のコホートで成功するのを待つかもしれない。しかし、既存のスタジオは数が限られているため、このアセットクラスへの参入を望む投資家は、新規のスタジオや発展途上のスタジオに投資するという高リスクを負わなければならない可能性がある。私たちが話を聞いた複数のスタジオのリーダーからは、資金調達が課題だという声が聞かれた。いずれ、LPがこの分野に慣れてくれば、それも問題にならなくなるだろう。

新規スタジオの創業者にとって

　スタートアップスタジオの運営は生やさしいことではない。従来のファンド運用とは異なり、運営者は、スタートアップに関連するあらゆる障害や問題を自ら切り抜けなければならない。また、新しいベンチャーの構想を考え出し、その実現のために努力しければならない。スタジオの創業者は、アイデアに困らないのが理想的であり、彼らの多くがこのモデルに引かれるのは、自分で立ち上げられる以上のアイデアを

持っているからだ。そして、このモデルをうまく実行できた人には、経済的な見返りが桁違いになる可能性がある。

　本書でもすでに述べたように、スタジオを運営していくうえでの最大の課題は、資金調達だ。取材したハイアルファ、パイオニアスクエアラボ（PSL）、アトミックなど、定評のある多くのスタジオを見ていると、スタジオモデルが魅力的で、「簡単に」そこに達したように思える。だが、その捉え方は一面的であり、どのリーダーもスタジオを軌道に乗せるのに必要な資金を調達するため、ストレスに耐え、汗をかいている。スタジオは、イノベーションのプロセスをできるだけ合理化することを目指しているが、会社を立ち上げるのは決して容易ではない。スタジオのリーダーが会社の創業時に資金を確保できなければ、このモデルのメリットは絶対に享受できないだろう。

　本書では、スタジオリーダーたちがキャッシュフローの問題を解決するために使っている方法をいくつか挙げた。忍耐強いLPから多額の初期資金を調達する、ビリングバックや企業との共創開発によって収益を生み出す、早い段階での株式売却、など。二つ目の収益確保の方法は、現在ではよく使われているが、会社を立ち上げてイグジットまで支援するという本来の目的や使命に反するのが難点だ。私たちは、いずれスタートアップスタジオモデルが投資家たちに受け入れられるようになれば、一つ目の方法がリーダーにとってより容易になると考えている。スタジオの設立を考えているリーダーにとっては、数年間のランウェイに十分な現金を確保することが成功への最も重要な鍵となる。

　多くのスタジオは、アイディエーションやプロセス、創業者の採用にそれぞれ独自の「隠し味」があると考えているが、取材したスタジオのほとんどが同じ基本プロセスを設けていることがわかった。プロセスの微妙な違いがリターンの差につながるかどうかは定かではない。スタジオが乱立するようになれば、社内のプロセスが競争上の重要な差別化要因になる可能性はある。だが、それでもスタジオのリーダーたちは、こ

の分野での学びを業界の同業者と共有することに前向きであることがわかった。この業界はまだかなり新しく、多くのスタジオパートナーは、「上げ潮がすべての船を持ち上げる」と強く信じている。

それとは別に、スタジオのリーダーは、体制や創業者プログラム、重点業種などに関する重要な意思決定に直面する。オープンエンド型ファンドかクローズドエンド型ファンドか、デュアル・エンティティーかシングル・ファンド・エンティティーか、制度化された創業者プログラムか、検証済み事業案に起業家をアサインするか。どの選択をしたスタジオも、成功しているケースはある。方法や選択に優劣はない。すべては、スタジオの理念と周囲の環境、資金調達の制約によって左右される。

スタジオとの協働を目指す起業家にとって

本書は、スタジオとその投資家の視点で構成されているが、起業家はスタジオの成功に欠かすことのできないもう一人の当事者だ。

野心的なマインドセットを持ちながら、何をつくりたいかが明確でない場合、起業家にとってスタジオは素晴らしい選択肢になる。アイデア創出の過程でパートナーや組織を持つことは非常に有効であり、すでにリスクが抑えられたアイデアに参加する機会を得ることは、一部の起業家にとってはさらに魅力的な選択肢となる。スタジオは、アイデアを持たないことがいかにコスト高であるかを強調し、起業家の側にアイデアがない場合には、所有権の過半を取得することもある。創業当初の株式を犠牲にするのは、のちのちきついと感じるかもしれない。アーリーステージではピボット（方向転換）が頻繁に行われるため、なおさらだ。けれども、起業できないという選択肢に比べれば、それくらいの代償を払っても十分に納得できるだろう。

多くの創業者や連続起業家にとって、バックエンドの管理業務をこな

し、資金調達や人材確保を支援してくれる「共創開発者」を持つことは、大きな代償を払う価値がある。スタートアップの創業者は、スタジオを非技術系の共創開発者と考え、それに見合うレベルの株式を与えるのかもしれないが、これらのサービスはプレシード期に提供され、以降は途中で利用できなくなることが多い。スタジオは、単なる非技術系の一共創開発者よりもはるかに大きな価値を提供するが、その支援は永久には続かない。そこにトレードオフがある。スタートアップの創業者は、存続可能なビジネスを生み出すために初期の支援と専門知識が必要かどうかを判断する必要がある。それらが必要なければ、そこまで創業者の株式持ち分を希薄化させずに従来のVCから同様の支援を受けられる可能性もある。

　スタジオはベンチャー開発の初期において重要な専門知識を提供してくれるが、参加の前には、スタジオとそのパートナーについて慎重に検討しておくべきだろう。どんな支援を提供しているのか、サービスの質はどうか、ベンチャーとどの程度緊密に連携するのか、スピンアウトして成長した後にどこまで支援を続けるのかを、見極める必要がある。

スタジオとイノベーション

　多くの人にとって、スタジオの神秘性と魅力は、大規模にイノベーションを実現するその特有の能力にある。だが、実際には、スタジオというと、優れたアイデア創出ではなく、経済的な所有権レベルの話になることが多い。ベンチャー創出のエコシステムにおいて、スタジオ自体は必ずしも最も「革新的な」プレイヤーである必要はなく、それは望ましいことだ。なぜなら、スタジオモデルにはイノベーションに関してももともと限界があるからだ。世界中の起業家のアイデアを審査する従来のベンチャーキャピタルに比べ、スタジオには一般的に、自前のスタッフと数えるほどの客員起業家（EIR）しかアイデアの引き出しがない。しかも、テクノロジーの最先端で破壊的な技術を生み出し、イノベーションを起こすのは、非常に時間がかかりコストもかさむ可能性がある。それは、「早く失敗し、失敗したアイデアのコストを最小限に抑えてランウェイを維持する」というスタジオの経済モデルにはまったくそぐわない。

　そのため、スタジオは、新しい技術分野の中でデザインし、探究している問題領域に既存のビジネスモデルや他業界のソリューションを応用するのが一般的だ。それがあまり大きな問題でないことは、スタジオから華々しいサクセスストーリーが生まれていることが証明している。また、ユニコーン的なイグジットを生み出せないスタジオも、それはそれでいいのかもしれない。低コストで高割合の初期の株式持ち分を得られれば、わずか5,000万ドルや1億ドルのイグジットでも、50倍、100倍のリターンを生む可能性がある。スタジオは、大変革をもたらすアイデアよりも、強い実行力のほうがはるかに重要という理論を証明しているように見える。そして、スタジオの経済設計と注力分野も、その柔軟性を

支えている。

　私たちの調査でわかったのは、(1) 多くのスタジオがB2B SaaSに
フォーカスしており、(2) スタートアップスタジオのプロセスはニッチ
なニーズに応える事業創出を中心に展開される傾向にあることだ。スタ
ジオの規模が拡大し、同じような業種や業界に特化するライバルスタジ
オが参入してくると、スタジオモデルに適したアイデアを生み出すのは
難しくなる可能性がある。それは、一つの会社を立ち上げるために最初
のアイデアファネルが大きくなければならないことに起因する。

　だが、その「限界」が来るのはまだまだ先のことだと私たちは考えて
いる。現在のところ起業家は、アイデアのための資金を生み出したり確
保したりすることに大きな問題を抱えてはいない。また、スタジオが新
しいアイデアを市場に「氾濫」させているわけでもない。スタジオの起
業家の多くは、どのみちスタジオの外でも自分のビジネスを始めようと
考える人たちだ。しかし、そのような限界に達した場合、地域の起業環
境で強いコネクションを持つ既存のスタジオが有利になり、統合・集約
が起きると予想される。

業界の未来

　この10年、スタジオは急成長を遂げてきたが、このアセットクラスは今後どうなっていくのだろうか。スタジオの成功率そのものはわからないが、成功したスタジオのリターンに可能性があることはわかる。その期待から、新しいスタジオの設立が急速に増え続け、新参の投資家がそこに加わろうとしているため、ちょっとした「ゴールドラッシュ」をつくり出している。このアセットクラスが拡大するにつれ、新しいスタジオがどこから生まれるのかが注目される。私たちは、このアセットクラスが拡大する経路として、いくつのパターンがあると考えている。

　第一に、従来のVCがスタジオへの関心を高め、自らスタジオを立ち上げるようになる。おそらくVCは、有望な創業者と連携したりアイデアを構築したりするために、自前のスタジオを設立すると考えられる。VCファンドには、既存の資本を活用して既存投資先に追加投資できるという付加的な利点がある。VCが「下流」に向かい、スタジオが「上流」に向かうためにファンドを設立すると、創業者やスタートアップのリーダーの争奪戦が激化すると予想される。スタジオがベスト・イン・クラスの創業者を誘致しようとすると、出資比率は創業者に有利になり、VCやスタジオの株式持ち分は前述の「最低ライン」に近づくかもしれない。また、VCとスタジオが共生のパートナーシップを築くための革新的な方法を見いだせるかどうかにも注目したい。

　第二に、スタジオの立ち上げに成功して注目を集める起業家が出れば、他の一流の起業家や経営者が自らのスタジオを設立する道が開ける。私たちが話を聞いた19のスタジオのうち、12社が起業家による設立だったことから、今後もこのパターンがスタジオ業界の成長の強力な源泉になっていくと考えられる。そうなれば、LPにとって良質な投資

対象が増えることになるはずだ。しかし、新しいスタジオのすべてが質が高いとは限らず、スタジオの増加にはいい面もあれば悪い面もある。市場参入者の増加は、質の低い、ハイリスクなスタジオの参入が大幅に増えるということだ。私たちは、アセットクラスとしてのスタートアップスタジオは、新しいテクノロジーと同じく、ハイプサイクル［訳注＊米国の調査会社ガートナーが考案した、特定の技術の成熟度や採用度、今後の動向分析から未来予想した情報で、投資判断のヒントとなる］をたどっていると考えている。スタジオは、「イノベーションの黎明期」を経て、ゆっくりと「過度な期待のピーク期」へと向かっている。

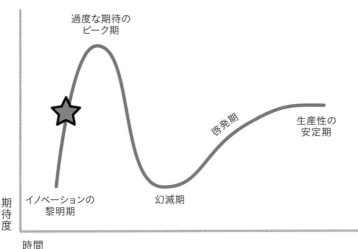

ピークに達するまでは、LPによる投資金額の増加需要がスタジオの新設ペースを上回り、最高クラス以外のスタジオの創業者でも資金調達は可能になると予想される。このアセットクラスが発展し、LPがこの仕組みをもっと理解するようになると、サイクルの成熟期に入る。LPは、最強のスタジオ創業者を見極め、リスク選好度に応じて投資するだろう。低リスク志向のLPは実績のあるスタジオ創業者への投資を倍増

Part
5

まとめ

155

させ、高リスク志向のLPは新しいスタジオに魅力的な条件で投資できるようになるかもしれない。新しいスタジオの創設と破綻は毎年繰り返され、実績のあるスタジオは今後も優良な投資対象としてより多額の資金を獲得し続けるだろう。

このアセットクラスに流れ込む資本が増えると、「スタジオモデルはどこまで拡張できるのか?」「スタジオのポートフォリオの規模に限界はあるのか?」という疑問が出てくる。

スタジオは、成功したポートフォリオ企業への追加投資を増やし、スタジオの事業を拡大する(つまり、より多くの会社を立ち上げる)ことで、規模を大きくし、資本を投下し続けることができる。成功したスタジオの多くは、立ち上げた会社の多数がレイターステージの調達ラウンドに進んでいるので、通常、スタジオの資金を投入できる会社は十分にあるはずだ。そのため、スタジオモデルに追加投資の限界が来るとは考えていない。けれども、事業規模の飛躍的な拡大を阻む制約や誘因は数多くある。経済的な観点では、多くの成長中のスタジオにとって望ましいのは、追加資本を会社の立ち上げに充てて事業を拡大することだ。これによりスタジオは、より多くのベンチャー企業に創業者レベルで資本参加でき、勝者創出への賭け数を増やすことができる。だが、スタジオモデルは、共創開発を正当化するために、スタジオの人材や専門性の高いパートナーが深く関与し、きめ細かなサービスを提供する必要がある。創業・管理する会社数を増やすには、スタジオのパートナーシップの大幅な拡大が不可欠だが、パートナークラスの経営陣は自分のキャリーやスタジオの持ち分の一部を手放すことに難色を示す可能性があるため、そのような結果は望めそうにない。さらに、チームを大きくするということは、アイデア出しや意思決定のスピード低下を招くという経営上の重大な問題を引き起こしかねない。こうした理由から、スタジオ創業者の多くは、チームを小規模に保つという冷静な選択をしており、一つのスタジオが管理できるアイデアの数に自ずと制約が生まれることにな

る。

　その結果、既存のスタジオは、いずれ自己資金を使って新しいスタジオの設立に投資するようになるかもしれない。潤沢な資本を得たスタジオの魅力的な財務内容を考えれば、常に大きな資金を調達し続ける既存のスタジオが、その資金の一部を新しいスタジオのリーダーに振り向けることは、特に、自社のチームでサポートできるアイデア数の制約にぶつかる場合には、当然のことのように思える。

　こうした予測は、新規のスタジオ設立を主導するのがVCか、連続起業家か、経験豊富なスタジオかはともかく、このアセットクラスが大きく成長することを示している。スタートアップスタジオは勢いを増していて、この流れがすぐに止まることはないだろう。スタジオは、正しく運営されれば、スタートアップのエコシステムにおいて持続的な力を持つ、非常に見返りの大きなモデルであると私たちは確信している。

謝 辞

このプロジェクトを進めるに当たり、時間と見識を惜しみなく提供して
くれた次のスタジオのリーダーたちに心から感謝申し上げる。

ウェンディ・ツー（アレイコープ／AlleyCorp）

ジョーダン・コング（アトミック／Atomic）

キース・リンドナー（コープレックス／Coplex）

マイルズ・ドットソン（デヴランド／Devland）

フランソワ・ラフォーチュン（ダイアグラム／Diagram）

コンタン・ニックマン／サラ・バロン（イーファウンダーズ／eFounders）

アルパー・セレン（エンハンス・ベンチャーズ／Enhance Ventures）

ロベルト・サナブリア（エキスパ／Expa）

ホゼ・マリン（FJラボ／FJ Labs）

ウルリク・トロル（ファウンダーズ／Founders）

プラスナ・ラメシュ（フューチャーサイト／FutureSight）

レーガン・スミス（GSSN）

ブレイク・コリアース（ハイアルファ／High Alpha）

マット・アームステッド（ホライズントゥーラボ／Horizon Two Labs）

エヴァン・コーエン（ヒューマンベンチャーズ／Human Ventures）

メシャル・アルシャマリ／アブドゥルラーマン・アルザイード／ハマ
ド・アルムクベル（リーンノード／LeanNode）

マーク・ツァップ（ネクストビッグシング／Next Big Thing）

グレッグ・ゴッテスマン（パイオニアスクエアラボ／Pioneer Square Labs）

ウェンイー・ツァイ（ポリマス／Polymath）

マット・グリックマン（プロミス／Promise）

ブレント・マクロッセン（レヴェルリィ／Revelry）

トッド・エールリヒ（ルールワンベンチャーズ／Rule 1 Ventures）

また、ジョシュ・ラーナー教授、イリヤ・ストレブラエフ教授、ジェフリー・セグリン教授、スコット・クポール氏、ロブ・シーゲル氏にもお礼を申し上げる。調査結果をまとめるに当たり、みなさんからは惜しみない知見と貴重な意見をいただいた。

最後に、今あなたが読んでいるバージョンにまで本書の完成度を高めるために協力してくれた友人、同僚に、心から感謝を伝えたい。

著者紹介

ミッチェル・ピーターマン

　スタンフォード大学経営大学院で経営学修士（MBA）、ハーバード大学ケネディ行政大学院（ケネディスクール）で行政学修士（MPA）を取得。

　これまで刑事司法とデジタルヘルス分野の複数のスタートアップと連携し、戦略的経営、マーケティング・コミュニケーション、事業開発など、さまざまな指導的役割を担ってきた。起業家精神を愛し、スタートアップ創出に興味を持ったことで、スタートアップスタジオとの仕事に魅力を感じ、設立初期のスタジオで内部運営やビジネス設計の開発に携わってきた。社会的インパクトのあるベンチャーの発展を公共政策でより手厚くサポートする方法の探究に情熱を注ぎ、中でも刑事司法、ヘルスケア、メディアには特別な関心を寄せている。

　生まれも育ちもウィスコンシン州で、ハイキング、チーズフライ、NFLチーム〈グリーンベイ・パッカーズ〉をこよなく愛する。スタートアップスタジオについて書いていないときには、湖で時間を過ごしたり、自家製パスタをつくったり、コントに挑戦している。

　ノースウェスタン大学を優秀な成績（マグナ・クム・ラウデ）で卒業。同大学の専門職養成校の一つ、メディルジャーナリズム学院でジャーナリズム学士を取得し、経済学の学士号も持つ。

シルパ・カナン

スタンフォード大学経営大学院で経営学修士（MBA）を取得。現在、アマゾンでプロダクトマネジャーを務めている。

プライベートエクイティの技術投資でキャリアをスタート。数年で投資の基礎を身につけたのち、スタートアップの経営に興味を持つようになった。VCで投資先企業の事業拡大を助け、資金調達から海外展開、営業まで、あらゆる面で起業家に協力。その過程でスタートアップスタジオに出会い、すぐこのビジネスモデルに魅了された。投資家のマインドセット、起業活動への情熱、経営的な洞察力を組み合わせることで、スタートアップを体系的に構築している魅力に引かれている。現在は、アマゾンでプロダクトのスキルを高めている。将来的には、そうした重要なスキルを活かして、スタートアップスタジオを立ち上げたいと考えている。

最近、ベイエリアからシアトルに移ったばかりで、曇りがちな太平洋岸北西部に少しずつ慣れてきたところ。テニスをする、おいしいコーヒーを飲む、雨の日にかぎ針編みをすることがお気に入り。

ペンシルベニア大学を最優秀（スンマ・クム・ラウデ）で卒業。同大学のウォートンスクールで経済学の学士、工学応用科学部でコンピュータサイエンスの応用科学の学士号を取得している。

参考文献

Riley, P. (2020). The Rise of Startup Studios [ホワイトペーパー]. Global Startup Studio Network (GSSN). https://www.gan.co/rise-startup-studios-white-paper/

Zasowski, N. (2020). Disrupting the Venture Landscape [ホワイトペーパー]. Global Startup Studio Network (GSSN). https://www.gan.co/wp-content/uploads/GSSN_StudioCapitalEfficiency_whitepaper.pdf

Nickmans, Q. (2020, June 2). Launching a Startup Studio: How to Finance It? Inside eFounders. https://blog.efounders.co/launching-a-startup-studio-how-to-finance-it-d847bbc11477

Carbrey, J. (2020, March 10). Understanding Startup Studio Structures. FutureSight. https://medium.com/futuresight/understanding-startup-studio-structures-e4482dd3b6a9

Szigeti, A. (2016). Anatomy of Startup Studios: A behind the scenes look at how successful venture builders operate. https://www.amazon.com/Anatomy-Startup-Studios-successful-builders-ebook/dp/B01BQOE89M

Szigeti, A (2019). Startup Studio Playbook For entrepreneurs, pioneers and creators who want to build ventures faster and with higher chance of success. Master the studio framework and start building. https://www.amazon.com/Startup-Studio-Playbook-entrepreneurs-framework-ebook/dp/B07NVNYM4C

NVCA. (2021, March 15). Record Year for U.S. Venture Capital Industry Despite Pandemic and Economic Downturn [プレスリリース]. https://nvca.org/pressreleases/record-year-for-u-s-venture-capitalindustry-despite-pandemic-and-economic-downturn/

Lesage, D.（2020, July 8）. The Real Difference Between Incubators and Startup Studios. Dianna Lesage. https://roamy.medium.com/the-real-difference-between-incubators-and-startup-studios-8175482697da

Prater, M.（2019, July 5）. Incubator vs. Accelerator: What's the Difference? HubSpot. https://blog.hubspot.com/sales/incubator-vs-accelerator

NVCA.（2021）. NVCA Yearbook［ホワイトペーパー］. https://nvca.org/wp-content/uploads/2021/08/NVCA-2021-Yearbook.pdf

Davis, A.（2021, October 17）. These 6 charts show how much VC is awash in capital in 2021. PitchBook. https://pitchbook.com/news/articles/2021-us-vc-fundraising-exits-deal-flow-charts

Christensen, C.（2015, December）. What is Disruptive Innovation? Harvard Business Review. https://hbr.org/2015/12/what-is-disruptive-innovation

Wagner, P.（2021, May 15）. "The Sharpest of Recoveries": The 2021 V21 Analysis. Wing.vc. https://www.wing.vc/content/the-sharpest-of-recoveries-the-2021-v21-analysis［訳注＊リンク切れ。2022年版は以下を参照。https://www.wing.vc/content/cannonball-effect-venture-capital］

Y Combinator.（2021）. Series A Guide. https://www.ycombinator.com/library/1l-round-size［訳注＊リンク切れ。以下のサイト参照。https://resource.foundx.jp/series-a-guide/］

Cambridge Associates.（2019, June 30）. US Venture Capital Index and Selected Benchmark Statistics.［ホワイトペーパー］. https://www.cambridgeassociates.com/wp-content/uploads/2019/11/WEB-2019-Q2-USVC-Benchmark-Book.pdf

用 語 集

本文中に登場した順に記載。

ベンチャーキャピタル（VC）	初期の高成長企業（多くは高リスク）に、部分的な所有権と引き換えに投資される資本、またはその資本を投資する会社
シード	スタートアップが行う初めての資金調達ラウンド
シリーズA、B、Cなど	シードに続く資金調達ラウンド（シード後、早い順にシリーズA、Bなどと続く）
プロラタ出資権	投資家が出資比率を維持するために、後に続く資金調達ラウンドに参加する権利
KPI	重要業績評価指標
LOI	基本合意書
M&A	企業の合併と買収
IPO	新規株式公開
B2B	（ビジネスモデルなどの）企業間取引
SaaS	（業界・業種などの）サービスとしてのソフトウェア
D2C	（ビジネスモデルなどの）メーカーと消費者との直接取引
MVP	実用最低限のプロダクト
LP	リミテッドパートナー（有限責任組合員）
GP	ゼネラルパートナー（無限責任組合員）
IRR	内部収益率

MoM　　　　　　　　　投資倍率（マルチプル・オブ・マネー）

日本語版解説

スタートアップ投資は、海外ではよく競馬に例えられる。投資や賭けには、勝敗を左右する重要ポイントがいくつかあるが、あなたは競馬で賭けるとき、馬と騎手のどちらを重視するだろうか？

「競争馬の運動神経や血統こそ最重要だ」と考える人もいれば、「いや、騎手の技術や感覚はレースを大きく左右する」と主張する人もいる。もちろん、どちらも重要なのだが、この議論では重要な存在を見落としている。それは、馬と騎手を完璧に結びつける調教師の存在だ。

馬主はレースに勝つため「最高の騎手」、つまり「理想的な創業者」を探し求めるかもしれない。しかし、仮に見つかったとしても、一流騎手の勝率は2割程度であると言われており、8割は成功しない。

一方、「最高の馬」のほうはどうだろうか。スタートアップ投資で言えば、「最高のプロダクトアイデアのみに集中している開発者」や「最高の技術や研究のみに集中している研究者」がこれに当たるかもしれない。競馬の場合は「1番人気の馬」が勝つ確率は約3割と言われている。同様に、「プロダクトアイデア」がスタートアップの成功に占める割合も約3割にすぎないというデータがある。つまり、7割は成功しない。

しかしである。「適切な騎手」に「適切な馬」を引き合わせる「最高の調教師」に賭けるなら、オッズは急上昇する。アメリカ競馬名誉の殿堂博物館に殿堂入りした調教師、ボブ・バファートは53パーセントのレースで賞金を獲得した経歴を持っている。同様に、欧米のスタートアップ投資関係者の間でも、「馬と騎手を完璧に結びつける調教師に賭ける」という視点でスタートアップスタジオへの投資が注目を集めている。

日本では、政府が2022年に「スタートアップ創出元年」を掲げたが、

残念ながら「スタートアップスタジオ」という言葉すらほとんど知られていない。起業家界隈でもシード・アクセラレーターとスタジオの違いを明確に答えられる人は少ないだろう。また、日本の機関投資家やVC、CVC界隈では、欧米で急速に台頭しているスタートアップスタジオに対して、日本でも同じように普及するかどうかについて懐疑的だ。理由はシンプルで、国内のスタジオのパフォーマンスが未知数であることや、スタジオ発のユニコーン（企業価値10億ドル以上の企業）が生まれていないのが主な要因である。

「日本語版序文」で紹介したモデルナのように、欧米では、スタートアップスタジオが数々のユニコーンを生み出し始めている。

　例を挙げると、生活者と医療専門家をつなぐ遠隔医療プラットフォームを提供するhims & hers、データウェアハウスを提供するSnowflake、住宅不足の課題解決としてルームシェアを加速させるBUNGALOW、日本でも一時的に話題となったclubhouse、ユニリーバが10億ドルで買収をしたことで知られるカミソリのDTCブランドのDOLLAR SHAVE CLUBなど枚挙にいとまがない。

　これらの成功の要因には、リスクマネーがスタートアップスタジオに流入していることが挙げられる。実際、海外のスタジオには、ピーター・ティールやマーク・アンドリーセン、ジェフ・ベゾス、リチャード・ブランソンをはじめとする著名な起業家やエンジェル投資家、ブラックロックなどの大手PEファンド、セコイア・キャピタル、グレイロックなどトップクラスのベンチャー・キャピタル、ソフトバンク、アマゾン、ナイキなどの新規事業創出を目的とした大企業からの投資マネーが流れ込んでいる。起業のエコシステムの主要なアクターとして、スタジオの存在感は増しているのだ。

　今後もスタートアップスタジオは、「ベンチャースタジオ」「ベンチャービルダー」「ベンチャークリエーション型VC」など表現を変えながら、世界中で増殖していくだろう。その理由を少し探っていきたい。

①スタートアップスタジオのパフォーマンス分析

　まず、本書のエビデンスの一つになっているGSSNのデータ(「Disrupting the Venture Landscape — Why the Startup Studio Model is Where Investors Find Capital Efficiency」)を参照してみたい。本書ではデータの説明が省略されていたので読者の理解を深めるために、一般的なスタートアップとスタジオ発のスタートアップのパフォーマンスの分析についてレビューする。

　本書の指摘の通り、スタートアップスタジオにはアイディエーションからスピンアウトまでの自社のノウハウが体系化されたディールフローが存在する。ステージゲート方式と呼ばれるフェーズごとに開発予算、マイルストーンが設けられていることが多い。一般的に「アイディエーション」「仮説検証(Proof of Concept)」「実証実験(トラクションテスト)」「スケールテスト」「スピンアウト(法人化)」を段階的なステップとして行う。

　もちろん例外もあり、プレシードの段階で外部の投資家から複数年のランウェイに必要な資金調達が可能な場合、法人化して実証実験を開始する場合も少なくない。

　筆者の体験でも、プレシードの段階で複数年のランウェイに必要な資金調達が可能な機会に恵まれたことがあった。1.5億円のシードマネーを外部から資金調達し、Sports AIというスポーツに関する機械学習の会社を先に法人化。その後、AI開発チームを集めて有償実証のトラクション検証を開始した経験がある。実際のディールフローのプロセスは、さまざまな機会に応じてフレキシブルなスタジオが多いはずだ。

　逆に、バーンレート(事業を運営していくのに必要とされる1カ月当たりに消費されるコスト)が高く事業化が難しいプロダクトは早期に損切りをする。たとえば、顧客開発のテストでフィット・ジャーニーが突破できず、前に進まない場合は撤退する。または、事業が時期尚早のため市場が追いつくまでは事業を停止する。

　このように失敗を組織的に学習して蓄積できることがスタジオの利点

だ。損切りをして、良いアイデアに資金と人材を集中的に投下することで、多くの新規事業の仮説検証をより高い資本効率で行える。

　一般的なスタートアップよりもスタジオ発のスタートアップのほうが、こうしたリスク回避のための新規事業の知見、外部のVCなどの投資家のネットワークや再現性を活用できるので、シリーズAまでの到達率が高い。

　GSSNのデータでは、スタジオから生まれたスタートアップの84パーセントがシードラウンドに到達している。さらに、一般的なスタートアップでは、シードラウンドに到達したスタートアップのうちシリーズAに進出できるのは42パーセントだが、スタジオ発のスタートアップはシードラウンドに到達したスタートアップのうち72パーセントがシリーズAに進出している。

　到達率だけでなく、体系化されたスタジオのプロセスとタレントの内製化により、スタジオ発のスタートアップは一般的なスタートアップと比較して成長速度が速い。

　GSSNは、調査・分析したスタジオ発の258社のスタートアップと一般的なスタートアップを比較した（下表）。

	スタジオ発の スタートアップ	一般的な スタートアップ
平均の内部収益率（IRR）	53%	21.3%
Total Value to Paid In（TVPI）**	5.8	1.57
ゼロからシリーズAまでの期間	25.2カ月	56カ月
ゼロからシードまでの期間	10.7カ月	36カ月
シードからシリーズAまでの期間	14.5カ月	20カ月

**投資倍率（TVPI）は、分配金累計額と残存価値を合計し、それを投資金累計額で除したものでベンチャーファンドのパフォーマンス指標の一つである。
引用元：Disrupting the Venture Landscape- Why the Startup Studio Model is Where Investors Find Capital Efficiency

　通常のスタートアップではゼロからシリーズAまでの時間は平均56

カ月だが、スタジオ発のスタートアップは25.2カ月と短い。さらに、一般的なスタートアップへ投資するベンチャーファンドの平均の内部収益率（IRR）は21.3パーセントであるの対し、スタジオ発のスタートアップへ投資するファンドの平均IRRは53パーセントとなっている。またベンチャーファンドの成績を示す投資倍率の指標であるTotal Value to Paid In（TVPI）では、一般的なスタートアップへ投資するファンドは平均1.57であるの対し、スタジオ出身のスタートアップへ投資するファンドは平均5.8となっている。

GSSNが開示しているこれらのデータには限界もある。サンプル自体が258社と少なく、データも時系列で蓄積できていない。比較対象である「スタジオ発のスタートアップ」と「一般的なスタートアップ」のサンプル定義があいまいであり、データ自体もCB insight、Pickbookなど他のスタートアップのDBを組み合わせているため、統計的に有意と言えないかもしれない。ただし、数年前に比較するとスタジオ発のユニコーンが明らかに増加しており、スタジオのパフォーマンスが上がっているのは確かだ。

パフォーマンス分析に研究の余地はあるものの、スタートアップスタジオは著名な投資家や新規事業創出を目的とした大企業からの巨大な投資マネーを呼び込み、さらにパフォーマンスを向上させながら新たなアセットクラスとして増殖していくだろう。

②スタジオモデルを活用する大企業のメリット

次に、起業の生態系の主要なプレイヤーである新規事業創出を目的とした大企業にとって、スタジオにはどのようなメリットがあるのかを見ていこう。

破壊的イノベーションのリスクに敏感な欧米の大企業は、スタートアップへの投資やM&A以外の目的で、スタジオを活用する戦略を進めている。イノベーションに熱心な大企業は、破壊的イノベーションを興

すスタートアップがまだ市場に登場してこない段階で、そのようなスタートアップを自ら構築する必要があることに気づいている。

そのためには小さな失敗で軌道修正を迅速にできる仕組みと、素早いベンチャークリエーションへの投資が必要だ。この仕組みがあれば、大企業の新規事業チームは市場を素早く発見し、スタートアップよりもニーズに合った製品を早くリリースできる。

国内では三井物産や清水建設などゼネコンのスタートアップスタジオのほか、quantumが支援している地方銀行が地方創生戦略としてスタートアップスタジオを立ち上げ、地域のアセットを活用したベンチャー創出の取り組みを開始している。

大企業の新規事業創出は課題が多い。両利きの経営を推進する企業では、コア事業の「深化」は既存の事業部に任せ、新たな未踏領域の「探索」を新規事業チームにミッションとして課す。ところが、新たな収益源の発見を目指して隣接地だけでなく飛び地を含めて新事業の種を未経験のメンバーのみで探すのは、干し草の山から1本の針を探すようなものだ。新規事業チームは事業コンセプトの調査の沼から抜け出せず、予算をどんどん溶かしていくことに陥る。いわゆる「PoC(Proof of Concept)貧乏」の状態だ。

さらにPoCを通過しても、プロダクトの有償実証実験を目的にしたβテストやローンチができないという状況に陥る場合がある。理由は、製造物責任法のリスク（PL責任）とブランド毀損リスクだ。もし、量産の手前にある品質が不安定な段階でプロトタイプを有償で提供してしまうと、PL責任が発生するリスクが生じる。そうなれば、市場からの信用低下に加え、既存事業や取引先、得意先に対してネガティブな影響を与える可能性もある。そのため有償実証実験に関する稟議が通らない、あるいは遅れてしまう事例が多々ある。

quantumでは、大企業とのプロジェクトでプロダクトの有償実証実験を目的にしたβテストやローンチができない状況を解決するため、「ス

ピンアウトイン」という新規事業創出のサービスがある。一言で言えば「ベンチャーの代理孵化」だ。

　プロジェクトは、大企業との共創開発によるプロダクト開発からスタートする。有償実証実験のための上市の段階では、市場で絶対に気づかれないように企業名やブランド名を完全に伏せ、quantum名義でベンチャーを立ち上げる。要するに、quantumが出資をして、PL責任を負い上市する（スピンアウト）。有償実証実験の目標であるトラクションやユーザー数、ユニット・エコノミクスなどのKPIを達成し、かつブランド毀損リスクも緩和できる段階に達したところで、生み出したスタートアップにバリュエーション価格をつけて大企業側に引き渡す（スピンイン）。

　スタジオとパートナーシップ企業との座組は、互いの専門知識を活かし、特定の市場で特定の問題に対するソリューションを共同開発する加速器として有効だ。両者は「共創事業（Co-Builds）」として契約をする。大企業はベンチャー開発に要する費用のコミッション（またはフィー）をスタジオに支払うが、自社だけでは実現できないスピードとコスト効率でスタートアップを生み出すことができる。

　また、こうしたスタートアップ創出のアウトソース以外に、企業内に独自のスタジオをつくり、そこでベンチャーを代理孵化させる方法もある。この場合、有償実証実験が問題なく進み、ブランド毀損リスクがないタイミングで、本丸の親企業に移管して親会社の新事業としてスケールさせていく。このようなストラクチャーを持つ大企業のスタジオとしては、AXAのKamet Ventures、P&G Ventures、サムスンのC-Labが有名だ。

　C-Labの場合、生み出した新事業の過半数がサムスンの既存事業部門に移管され、これまで57社がC-Lab発のスタートアップとして運営されている。大企業傘下のスタジオには本社では採用が難しい客員起業家や起業経験者、スタートアップに関するメンター・エキスパートが雇用されていることが多い。起業の専門家による集中的な開発は、プレシー

ド段階というきわめて難しい0→1の新事業を加速化するうえで非常に重要なアセットになる。

P&G Ventures のベッツィー・ブルーストン氏によると「私がスタジオという環境を気に入っているのは、同じライフステージにある仲間たちと一緒にスタートアップをつくる機会が多いことだ。そこには相乗効果があり、大企業に戻す前に、エキスパートたちの集中したリソースにより成長できる素晴らしい機会が存在すること」だという。[注2]

先進企業は、スタジオを傘下に構築するか外部のスタジオと提携することで、スタートアップよりも市場の先を行く機会を得ていると認識している。最終的にはどちらの方法も、新規事業を迅速かつコスト効率よく生み出す合理的なプロセスとなる。

③国内のスタートアップスタジオについて

国内のスタートアップスタジオに視点を移すと、スタジオは依然として黎明期であるが着実に増加傾向にあり、実績も出始めている。XTech（クロステック）はその筆頭だ。VCである XTech Ventures と xBridge-Tokyo という起業家向けシェアオフィス機能を提供し、直近ではエキサイトホールディングスを東京証券取引所スタンダード市場に IPO させた。

国内にスタートアップスタジオを増殖させていくためにはクローズドなコミュニティーにせず、なるべく活動をオープンにしていく必要がある。さらに、スタジオのパフォーマンスを各社が積極的に公開しない限り、機関投資家やVCからのリスクマネーがスタジオ業界に流れ込まないのは明白だ。

そうした背景もあり私たちは、ガイアックス、ミクシーから資金調達をした Studio ENTRE、DeNA のデライト・ベンチャーズ、東京工業大学関連VCのみらい創造機構からカーブアウトしたみらいスタジオなど、同じ志のあるメンバーで「スタートアップスタジオ協会」を立ち上げ、活動している。quantum は、設立時に理事を拝命した。国内のスタ

ジオはまだ夜明けにあり、今はまだ伸び代しかない状況だ。「スタートアップスタジオ協会」に集まる若い力で突破していきたい。

quantumは、プロダクトや新事業、スタートアップへのハンズオン投資だけでなく、自らベンチャーを連続的に創り出すスタートアップスタジオとして2016年に創業した。創業以来、ベンチャービルダーとして自社事業を立ち上げるとともに、75社を超える企業やスタートアップと事業開発に取り組んでいる。現在、博報堂の100パーセント子会社として、クリエイティビティーと実装力を駆使して、自社スタートアップだけでなく、大企業からのスピンアウトやジョイントベンチャーなどあらゆる形で新事業の創出に挑戦している。

本書のPart2では、スタートアップスタジオの組織的バックグラウンドとして、①連続起業家が立ち上げる、②投資家が立ち上げる、③プロダクト開発やエンジニアリングをバックボーンに立ち上げる、の三つに整理されていた。quantumはまさに③の組織的バックグラウンドを武器に立ち上げたスタジオだ。

quantumはスタジオとしてベンチャークリエーションとともに、新規事業開発の支援を提供している。その対象はスタートアップから大企業までさまざまだ。大企業とはquantumの強みであるハードウェアとソフトウェアの実装力を活かして、車いすから無人給仕ロボットまでさまざまなプロダクトのアウトカムを創出している。また、前述の「スピンアウトイン」によるベンチャー組成、スタートアップスタジオの組成支援、社内起業家制度の設計やメンタリング支援なども提供している。

スタートアップへのハンズオン支援の代表例は、東京大学発スタートアップであるWOTAだ。世界の水問題を根本的に解決するため、「小規模分散型水循環システム」を開発し、その社会実装に挑戦するインパクトスタートアップで、独自のアルゴリズムによって浄化フィルターなどを最適に制御する、「水処理自律制御技術」の開発に成功。水道のない場所での水利用を実現するポータブル水再生システムなどを提供してい

る。シャワーや手洗いなどにつなげて排水の98パーセント以上を再生し、循環利用を可能にする優れた製品だ。

WOTAとquantumが出会った当時、大学院を出て間もなく会社を立ち上げたばかりの創業メンバーに対して、私たちはビジョンの整理の支援から開始した。ディープテックベンチャーの場合、製品開発に時間がかかるため、課題に対するソリューションの解像度が伝わりにくい場合がある。具体的には、ビジョンプロトタイピングという手法で「人類の淡水利用の問題を解決する」というWOTAのビジョンを脚本化し、ステークホルダー向けにソリューションが伝わるムービーを開発した。また、出資だけでなくquantumのハードウェアエンジニアが実際に手を動かしながら、エレキ部分の回路・基盤の開発にコミットしてプロダクト開発を支援した。同時に、クリエイティブ・ディレクターがブランド設計やアートディレクションを支援した。現在も追加出資を実行し、開発支援を続けている。

最後に、本書のPart3で説明があった共創事業（Co-Builds）の実際の事例として、quantumが2022年に立ち上げたベンチャークリエーションのプロジェクトの舞台裏に触れておきたい。スタジオとの共創事業は、共同で出資して互いにアセットを持ち寄ることによりインパクトのある新事業を早期に創造できるメリットがある。どのように現場でベンチャーを組成しているか、開発メンバーの生の声を交えたバックステージを共創事業のケースとして参考にしてほしい。

2022年5月にローンチしたwalkeyは、quantumと大手医療機器メーカー、朝日インテックが組成した歩行専用トレーニングサービスを提供するベンチャーだ。

社名の由来はwalk（歩く）+key（鍵）から来ている。「歩行100年時代」の実現に向けて、「100年、歩くための鍵」を届けるという意味だ。人生100年時代と言われるようになった一方で、その長い人生を豊かに過ごすには、いつまでも健康でいることが重要視される。健康寿命という考

え方だ。walkeyはこうした時代背景から誕生した「歩行専用」トレーニングサービスだ。

walkeyは、独自に開発した歩行力診断とメソッドをもとに、ユーザーの一人ひとりの状態に合ったエクササイズプログラムを提供し、専門トレーナーが伴走する。専用機器とアプリを使って自宅で毎日エクササイズを続けられるだけでなく、2週間に1回を目安にトレーニングラボでエクササイズの成果をチェックできる「反転ジム方式」を採用している。東京都内にwalkeyの「歩行専用」トレーニングラボを開設し、実際のデバイスやアプリ、ラボを使った本格的なサービス提供開始している。

要支援、要介護になる原因のトップは転倒、骨折や関節の病気など運動器の故障だ。ロコモティブシンドローム（立ったり歩いたりするための体の移動機能が低下した状態）が進行すると、将来、要介護になるリスクが高くなり健康寿命を大きく縮めてしまう。現在、ロコモの推計患者数は予備軍を含めて4,700万人と推計されている。超高齢化社会の日本において解決しなければならない社会的課題だ。

人生100年時代を一歩推し進め、人がいつまでも自分の力で行きたいところに行き、見たい景色を見ることができる「歩行100年時代の実現を目指す」というビジョンを描いたのは、クリエイティブ・ディレクター出身の取締役共同CEOの川下和彦だ。プロジェクトの立ち上げ時にチームの北極星を示し、朝日インテック側も含めてチームを束ねていった。

ベンチャークリエーションのプロジェクトでは、チームの立ち上げ時に時間をかけずにビジョンを示すことが初動として重要だ。ビジョンの解像度は開発が進む中で鮮明になっていくので、細部まで描くと足かせになることもある。北極星となる言葉が、何より指針となるのだ。

quantumはビジネスモデルの設計、トレーニングプログラム、ハードデバイス、アプリの開発、ラボのデザインをはじめブランディングを含

めて、事業の構想段階から事業化に至るすべてのフェーズにおいて、朝日インテックのメンバーとワンチームとなり推進した。walkeyのトレーニング機器には、医療用カテーテルに使われるステンレスワイヤーロープを製造する朝日インテックの独自技術を活用している。共創事業として二つの会社が融合しなければ到達できない匠のプロジェクトだった。

ワンチームを支えたのがプロジェクトマネジメントを担当したベンチャー・アーキテクトの渡辺達哉と中村覚だ。walkeyの出資比率は朝日インテック81パーセント、quantum19パーセントの共同創業であり、渡辺はquantumをいったん退社してwalkeyの代表取締役社長に就任し、起業家として経営をリードしている。ベンチャーを組成したコアメンバーが代表取締役社長に挑戦できるのもquantumのカルチャーの一部だ。また、渡辺を支えるためにプロダクトデザイン兼ビジネス開発担当として、quantumの清水こなあがwalkeyに100パーセントの関与で出向し、会社の経営、組織づくり、サービス立ち上げをリードしている。

ベンチャークリエーションの現場はとてつもなくハードである。ベンチャー・アーキテクト以外にプロダクトデザイン、UIデザイナー、サービスデザイン、エンジニア、アートディレクターなどquantumの多様な才能を重ね合わせて、越境し合いながらハードとソフトを融合したプロダクトを開発していった。

walkeyのデバイスが追い求めた「優しい」デザインを担当したのは、チーフデザイナーの門田慎太郎とプロダクトデザイナー産田拓郎だ。「使用するうえでの親切さとデバイスとしての楽しさをいかに両立するかが課題だった」と産田が言う。walkeyはトレーニング初心者や年配の方も使えることを想定した予防医療的な側面が強いサービスだ。「あなたの毎日の運動に共に寄り添う」というなじみやすさがコアな価値であり、「優しい」というキーワードをデザイン上で最後まで一貫してこだわり抜いたという。

また、walkeyサービス全体の品質を押し上げたのはエンジニアの志和

敏之だ。志和は元大手メーカー出身のエンジニアだ。ユーザーとトレーナーの両方のフィードバックを受けながらアプリの使い勝手を改善していった。walkeyのデバイスはトレーニングプログラムやアプリの設計がデバイスのデザインと連動している。

　たとえば、トレーニングの内容が変われば機器に求められるデザインは変わり、機器のデザインが変わればトレーニングの内容も変わる。そのため、志和はデジタル担当だったが、各分野と常に関わりながらサービス全体をつくり上げていった。「quantumでは"越境"という言い方をするが、『自分の担当はここだから』という態度ではチームとしてのメリットを生むことは難しい」と志和は言う。

　さらに、歩行100年時代の実現のためには、短期集中型でなく長期的なトレーニングが必要だ。だからこそ、ユーザーを離脱させないためにトレーニングをやらなかったら責められると感じさせないユーザー体験が鍵になる。監視ではなく見守っていることをユーザーに伝わるように設計する必要がある。その微妙なバランスを探るwalkeyのUI/UXデザインのコアを塚田あずさがデザインしていった。

「日々のちょっとしたトレーニングの積み重ねが、未来の健康につながっているのだと実感してもらうことが重要だ。ゴールに向かって一時的に頑張るのではなく、日常の中でのささやかな幸せをつくるサービス。だから、モチベーションを維持してもらうために何ができるのか、という検証は特に苦労した」とUI/UXデザイナーの塚田は言う。

　そして、特に塚田とコラボレーションしながらwalkeyのブランドの世界観をゼロから描いていったのはアートディレクターの小関友未だ。事業やサービスが持つ独自の世界観を丸ごとデザインすることを得意とする小関は、スタートアップスタジオには欠かせない存在だ。ユーザーの隣にいて寄り添うブランドとして、「女性らしさ・男性らしさを出すことなく、年齢も幅広く受け入れられるようにデザインした。見る人によって印象が変わる。ただ、何だか楽しそう。中性的で、健康的で、人

生を楽しんでいる人。それが『ウォーキーさん』のイメージであり、walkeyが与えたい体験」と小関は説明する。

このようにquantumのベンチャークリエーションでは、分業化して流れ作業にすることはない。プロジェクトの上流からほとんどのメンバーがアサインされ参加している。「こうしたらいいと思う」というアイデアが浮かんだときも、どこかのタイミングで一斉に発表するのではなく、常に小出しにしながらすり合わせるアジャイルに重なり合う環境を最も大事にしている。

そして、ベンチャークリエーションは立ち上げてからが勝負だ。現在、quantumは人生が続く限り、自分の足で行きたいところに行き、会いたい人に会い、見たい景色を見るために、自分で歩き続けることができる「歩行100年時代」の実現を目指し、自宅とラボで、100年歩ける身体をつくるwalkeyのグロースに向けたハンズオン支援をしている。この共創事業の舞台裏が読者の参考になれば幸甚である。

及部 智仁

(注1) サムスンのC-Labについては以下を参照。https://claboutside.com/spinoff
(注2) Disrupting the Venture Landscape – Why the Startup Studio Model is Where Investors Find Capital Efficiency

■ 訳者略歴

露久保 由美子

翻訳家。主な訳書に『アメリカ海軍が実戦している「無敵の心」のつくり方』(クロスメディア・パブリッシング)、共訳書に『米軍基地がやってきたこと』(原書房)、『インシデントレスポンス 第3版』(日経BP)などがある。

■ 日本語版序文・解説の執筆、監訳

及部 智仁 (株式会社 quantum)

株式会社quantum代表取締役社長 共同CEO、東京工業大学イノベーションデザイン機構 特任教授。世界トップクラスのベンチャービルダーを目指し、quantumを社内起業で創業。75社以上の大企業との新規事業開発、スタートアップへのハンズオン投資、ベンチャー組成を経験。またSPORTS AIを起業し、開発したサッカーの戦況予測AIの事業売却を経験している。現在、東京工業大学の特任教授として世界を変える大学発スタートアップを育てるプラットフォーム、GTIEを支援している。東京工業大学大学院技術経営専攻修了。

■ 株式会社quantum について

quantumは連続的に新規事業・ベンチャーを生み出していくスタートアップスタジオ。創業以来、ハードウェアやソフトウェアを問わない実装力を駆使し、大企業やスタートアップと新しいプロダクトやサービスを創出。現在、博報堂の100%子会社として、多様なバックグラウンドを持つ社員、国内外の幅広いネットワークを活用し、自社事業、スタートアップ投資だけでなく、大企業からのスピンアウトなどあらゆる形でベンチャー創出に挑戦している。

■ 監訳協力者一覧

川下 和彦（取締役共同CEO）

博報堂にてマーケティング、PRから広告制作まで、多岐にわたるクリエイティブ業務の経験を経てquantumに参画。日常を旅するクルマイス「Wheeliy」や、タレントのオンラインマッチングサービス「BATTEKI!!」などさまざまな事業ローンチを経験。

門田 慎太郎（常務執行役 Chief Designer）

国内デザインファーム、外資系PCメーカーで幅広い分野の製品デザインを担当した後、quantumに参画。手がけたプロダクトは、iF Design、RedDot design、D&AD、Cannes Lions、グッドデザイン賞など、数多くの国内外のアワードを受賞している。

中村 覚（Venture Architect Senior Manager）

博報堂・TBWA HAKUHODOでのストラテジックプランニング職を経てquantumに参加。個別の新規事業開発案件だけでなく、企業内から起業家を育成するプログラムの設計や実施にも携わる。Walkeyでは、プロジェクト全体のリードを担当。

志和 敏之（Venture Architect Senior Manager）

メーカーで6年間ノートPCの設計業務に従事した後、quantumに参画。専門であるファームウェアの経験を活かし、主にハードウェアを使う新規事業のプロジェクトや実証実験の技術面を担当。

産田 拓郎（Industrial Designer）

デザインスタジオを経てquantumに参画。国内外の企業やブランドと協働し、テーブルウェア、照明器具、家具などのインテリア用品から、家電などの精密機器までデザインプロジェクトを手掛けている。グッドデザイン賞など国内外のアワードを多数受賞。

塚田 あずさ （UI/UX Designer）

カメラアシスタントを経てグラフィックデザイナーとなり、スタートアップのUI/UXデザイナーとして、自社開発アプリや協業アプリを多数制作した後、quantumに参画。新規事業のwebサービスやアプリのUI/UXデザインを担当。

小関 友未 （Senior Art Director）

ロンドンの大学にて総合的にデザインを学び、帰国後、東京のクリエイティブエージェンシーでアートディレクターとして複数の広告案件を担当した後、quantumに参画。新規事業の初期段階からブランドデザインやビジュアル開発を担当。

清水 こなあ （Industrial Designer）

英国の大学でプロダクトデザインを専攻した経験を経てquantumに参画。プロダクトデザイナーとしてモノづくりの領域での事業開発だけでなく、バイリンガルなストラテジストとして事業企画、サービス開発の業務もリードする。

弓削 勇輔 （Studio Strategist）

スポーツメーカーにて技術戦略、経営企画職を経てquantumに参画。quantumの戦略担当として経営管理業務だけでなく、スタートアップスタジオの組成支援、スタートアップスタジオ協会での普及活動を行う。

みんなのスタートアップスタジオ
連続的に新規事業を生み出す「究極の仕掛け」

2023年6月19日　第1版第1刷発行

著　者	シルパ・カナン、ミッチェル・ピーターマン
訳　者	露久保 由美子
監訳者	及部 智仁（株式会社 quantum）
発行者	中川 ヒロミ
発　行	株式会社日経BP
発　売	株式会社日経BPマーケティング
	〒105-8308
	東京都港区虎ノ門4-3-12
	https://bookplus.nikkei.com/
翻訳協力	株式会社リベル
ブックデザイン	山之口 正和＋齋藤 友貴（OKIKATA）
DTP・制作	河野 真次
編集担当	沖本 健二
印刷・製本	中央精版印刷株式会社

ISBN 978-4-296-00149-1
Printed in Japan

本書籍に関するお問い合わせ、ご連絡は下記にて承ります。
https://nkbp.jp/booksQA